良性衝突

黎安・戴維 Liane Davey 博士 著

林靜華 譯

The Good Fight

來自各界的好評

黎安．戴維長久以來一直是企業最高管理階層手中的秘密武器。有了《良性衝突》這本書，任何領導人都能學會如何使他們的團隊擺脫困境，再度合作。透過幽默與實際的案例，黎安的書顯示：即使是最避免衝突的領導人，也能利用有效益的衝突來解決阻礙他們前進的問題。拯救你的壓力，今天就開始運用她的方法吧！

——【索尼互動娛樂環球工作室總裁】肖恩．雷頓

無論你身處一個由十個人或一萬人組成的組織，當人們不得不對現狀提出挑戰，而他們能夠自在地分享他們的想法時，最好的解決方案都會隨之產生。在《良性衝突》這本書中，戴維向領導者展示如何促成團隊充分參與並為組織效力所需要的有效益、健康的衝突。

——【星巴克國際咖啡公司前總裁】霍華德．畢哈

黎安．戴維在這本精采的書中傳達了一個令人驚訝和振奮的訊息：衝突對我們有益。它可以促進表現，協助團隊溝通，並使工作場所更有活力，重要的是你如何利用衝突來解決棘手的問題和做艱難的決定。如果你覺得你的組織好像陷入困境了，你可能需要好好吵一架——而且你絕對需要這本書！

——【《動機，單純的力量》作者】丹尼爾．品克

對大多數領導者與團隊來說，衝突通常被認為是不惜一切要極力避免的事，不是一個促進瞭解、參與和邁向成功的途徑。作者黎安．戴維透過實例，告訴我們應該如何表達才能讓我們把衝突化為盟友而非對立。我強力建議任何一個團隊領導人都應該閱讀《良性衝突》，許多人都同意，我們早就應該使工作場所的健康衝突正常化。

——【組織心理學家】瑪拉．戈查爾克博士

我在一個有八個兄弟姊妹的家庭中長大，每當衝突發生時，我的母親總是教我要「用我的話語，不要用我的拳頭」。這個告誡不僅幫助我擺脫困境，也教會我當有必要把事情說清楚時不要退縮。有效益的衝突解決辦法早就有了！在黎安．戴維的新書《良性衝突》中，她以她二十五年來建立團隊的豐富經驗，有效指導人們如何以正確的方式解決紛爭——迎上前去正面解決！她的實用策略是有目的與睿智的，有助於培養健康的習慣，在你的團隊內部建立互信，轉虧為贏！這是一本精采的讀物！

——【《跟陷阱說再見》共同作者】**大衛．柯維**

《良性衝突》是一本必不可少的教戰手冊，任何領導者都可以利用它來預防大戰發生。戴維提供了實用和可再利用的處理方法，你可以用來使人們放下自我，解決團隊內部的紛爭，使你的組織恢復健全。

——【《紐約時報》暢銷作家】**西．威克曼**

當衝突發生時我們會立即感到痛苦，但避免衝突的痛苦就像有毒氣體，是陰狠的、無形的。在《良性衝突》這本書中，黎安．戴維向我們展示如何清除這個有毒氣體而不引發爆炸。

——【《紐約時報》暢銷作家】金．史考特

推薦序

衝突，可以解決？

【國際演說家暨人際關係專家】吳娟瑜

「衝突」兩字已代表關係不妙、劍拔弩張的局面，為何還能進行到「良性衝突」？

作者黎安・戴維（Liane Davey），她是組織心理學博士，經常受邀在企業組織擔任顧問，有二十五年以上建立團隊的豐富經驗，《良性衝突》一書內，她一語道破企業危機的盲點。

一般企業組織碰到市場衝突、價格衝突、客戶衝突、人事衝突，往往視而不見，或欲振乏力，讓衝突延宕而解套益發困難，黎安・戴維博士稱這些都是「衝突債」。

產生「衝突債」？

「衝突債」是所有爭議性問題的總和，這些爭議性問題必須解決才能繼續往前推動，但問題卻一直沒有被提出來討論和解決。衝突債可以很簡單：例如不提出回饋意見，好讓你的同事把事情做得更好；它也可以很嚴重：例如持續性拖延戰略性決策，使競爭力越來越落後。

既然有了「債」字，代表這成了企業組織裡「有形的負擔」，例如：養一批冗員、錯誤的投資，或是市場信譽一落千丈等；「無形的負擔」，例如：辦公室士氣低迷、員工成了對手公司的產業間諜，或高階主管勾心鬥角等。

「衝突債」絕對是企業的隱憂，員工流動率高且不說，市場產品無法推陳出新，企業布達事項無法暢通，加上國際市場競爭嚴峻，不進則退，企業命脈面臨嚴重考驗，這些都讓主事者心驚膽跳，不知如何是好。

本書《良性衝突》特別點出化解「衝突債」的切入點，黎安．戴維博士提醒我們需理解人類共通的「害怕衝突」，導致談判失誤、僵局停滯、謠言四起、員工鬱悶。

第二章特別點出在衝突會議桌上，不論是「粗暴攻擊者」或「被動型攻擊者」，其實都是從小厭惡衝突、避免衝突，大家在後天「習得的無助感」催化下，變成用閉嘴或討好方式面對衝突。

等到界限已嚴重被踐踏，或是反撲力量突然覺醒，這時突然爆發嚴重對抗，談判的客戶可能翻臉就走，同桌的主管可能怒目相視，自己team上同仁可能莫名其妙，不知錯在哪裡？

黎安．戴維博士直指核心癥結——情緒遮掩、害怕麻煩於事無補，只有「接納衝突是健康關係的自然成分」才能從「衝突債」脫身而出。

從「衝突債」脫身

如何從「衝突債」脫身而出呢？

黎安．戴維博士明確指出：「處理衝突產生的情緒可視為一個珍貴的線索，建立有效正確的溝通方式，將製造衝突的同事、客戶、家人，冷靜友善地帶出去，協助對方調整情緒底層的問題。」

相信大家已清楚看出黎安．戴維博士所提議的方式，就是透過對當事者情緒的理解和釐清，再以有效溝通方式去安撫、去探索或去引導，就能進一步消除「衝突債」。

這個部分，黎安．戴維博士提出了「衝突密碼」這樣的概念。所謂「有效正確的溝通方式」就是解決問題的「衝突密碼」。

「衝突密碼」可說是「惡性衝突」到「良性衝突」的解藥，因為「惡性衝突」往往兩敗俱傷，衝突成了無法挽回的局面；「良性衝突」可以推展企業進步、擴充市場占有率，提升員工能力，讓衝突變成好事。

可以說，「衝突密碼」就是「建立溝通管道，建立穩固關係，並為解決方案做出貢獻——絕對有效，你只需要多用點心思。」

人事界限不分

我在華人企業組織授課和公眾演說四十多年，歷經六千場以上演講，常見黎安．戴維博士提及的「衝突債」現象，華人企業更多的問題是「人」和「事」不分所造成的「衝突債」。

例如：一位不適任的員工在企業體內被踢皮球，只因為他是董事長的外甥，大家敢怒不敢言，連總經理也是睜一隻眼、閉一隻眼，任由底下主管輪流勉強任用。

以「就事論事」的角度來看，這位董事長外甥是公司的負擔，是成事不足敗事有餘的「衝突債」，可惜華人世界習慣「就人論事」，以致衍生後續不斷的困擾。

又如：一位帶進高業績的 Top sales，讓公司收入大增，總經理喜獲人才，但身為主管的 Top sales 卻不遵照總公司的制度走，他組內的獎金方式各有一套，直到其他組別同仁抗議四起，總經理眼看紙包不住火，只好在會議桌上指點，以示公正，結果爆發衝突。Top sales 眼看總經理不再護航，於是整批人馬集體跳槽，一個也不留。

總經理沒有及早「就事論事」處理，導致包庇 Top sales 的事蹟敗露，衝突一發不可收拾。類似這些情況都是沒有及早發現、及時溝通，快速指正，導致企業體潰散。

本書還提供U工具，是黎安．戴維博士研發的工作流程，協助主管闡明對團隊的期望，不但能避免衝突，還能改善工作品質。身為主管，值得試用，讓員工更有效率更有效益，何樂不為？

家庭也需要「衝突密碼」

有趣的是，黎安．戴維博士儘管身為協助《財富》五百大企業的高階顧問，在業界赫赫有名，但她不諱言自己在家人關係中也出現了「衝突債」。

她和丈夫無法溝通，兩人漸行漸遠，於是回頭探尋自己害怕衝突的起源點，發現原生家庭的「衝突債」，由於母強父弱的溝通模式，從小未見衝突發生，她也沒學到面對衝突、解決衝突。

直到爸爸終於吐露心聲，承認當年「若離開妳媽媽，擔心你們受苦」，黎安．戴維博士才下定決心回頭邀請老公，大家坐在心理諮商室，讓治療師為他們解開「衝突債」。

這個部分的描述讓我心有戚戚焉，哪個家庭是由完美無缺的伴侶組成？從不爭吵？從無衝突？這怎麼可能？我佩服黎安．戴維博士的勇敢和智慧，多數讀者是看不到著書作者的內心掙扎！

至於教養兩個女兒，黎安．戴維博士也是發現自己怎麼用「息事寧人」的方式教育孩子，要孩子避開衝突。反省之餘，她跳脫窠臼，把教導企業的具體做法，引進自家教養。

她讓兩個女兒更有衝突敏感度，勇於處理同儕之間的紛爭，並建立個人真正的自尊，書中描述的例子，閱讀起來受益良多。

可以說，《良性衝突》一書，黎安．戴維博士全方位分享了在企業、家庭、志工團隊裡如何消除「衝突債」的妙方，以「衝突密碼」解除各種危機，使得事業蒸蒸日上、家庭和樂、個人成長，相信這也是我們在人生旅途上最渴望擁有「良性衝突」的幸福，不是嗎？

相信閱讀本書，一定受益良多，面對衝突就是勇往直前！祝福大家！

獻給　值得我奮戰的克雷格、琪拉與瑪格

Contents

Part 3 讓衝突制度化

作者序

嗨，很高興認識你。

在這本書中，我們將深入探討人際關係與溝通，所以我想，如果我們能彼此瞭解會有幫助。

我先自我介紹。我叫黎安，我的工作是提供意見，協助團隊提高效率。

我研究團隊問題迄今已超過二十五年，尤其是「什麼能使團隊更有效率」一直是我熱愛的專題。我對團隊如何運作（以及如何失敗）的執迷可以追溯到我小學時期。我的六年級導師法赫老師指派我們建立一個自己的加勒比海國家，這是一個很棒的計畫，內容涵蓋地理、社會科學、語言和數學。它甚至還包含藝術——我們必須創造一首國歌，並設計一面國旗。這正合我的興趣。我至今仍喜愛這種多面向的計畫。

唯一的問題是這項計畫得分組進行。老師分派我們和兩個同班同學一起工作，並且告訴我們同組的每一個人都會得到相同的分數。我很快便發現，這種安排將使我的一貫作風受到限制。打從召開第一次工作會開始，我的隊友就明白表示他們很樂意以最少的努力工作。我想用紙漿造一個立體地形圖的構想，對他們來說似乎野心太大。十二歲的我，已經學到在團隊工作有多麼困難。

我當時想，我有兩個選擇。我可以承擔大部分工作，這樣能確保這項計畫達到我的標準。這麼做可以使我得到我期待的分數，但也會為我帶來龐大的工作量。即便在那個年紀，分配不均已讓我感到不舒服，如果所有工作都由我一個人做，而我的隊友仍得到相同的分數，這怎麼公平呢？另一個選擇是平均分攤工作，但這樣一來我的分數勢必會受影響。從工作量的角度看，這個選項讓人感覺比較公平，但我必須勉強接受較低的分數，這似乎又很不公平。最後我決定為了獲得高分而承攬大部分工作。

當我對人們講述這個故事時，許多人紛紛以他們自己的經驗呼應。無論是他們在小學、在童子軍，或在露營時第一次體驗到團隊內部的紛爭，或者他們在ＭＢＡ的第一堂課，或在工作場所的第一天，每個人都有一個故事，那一刻他們都體會到團隊合作真的不容易。面對他們第一個糟糕的團隊，大多數人和我一樣有兩種選擇：要麼承擔所有的工作以獲得想要的結果，要麼平均分攤工作接受後果。

一九九三年，我決定以我個人對團隊合作的興趣做為我的研究專題，看我是否能找到第三種選項。我取得組織心理學——工作場所行為研究——博士學位。我的論文研究專題是團隊動態如何影響創新，從那以後我所做的每一件事大多集中在更有效的團隊合作上。自從小學六年級迄今，這些年來我深信我已找到第三種選項：衝突。我們可以藉著爭吵使我們的團隊變得更好：吵出更好的構想、更好的決策、更好的執行和更好的結果。

問題是爭吵雖然能使我們的團隊變得更好，但畢竟是爭吵。而在這二十五年的研究以及團隊諮詢中，我一遍又一遍體會到我們不喜歡爭吵。

這就是我所從事的研究。我在我的職業生涯中致力於協助人們克服他們對衝突的厭惡，開始為有效益的爭吵而爭吵。

好了，這就是我。現在輪到你了。

讓我猜猜看，你是一個表現出色的人，總是把你的工作做好。由於你擁有可以有效完成工作的能力，你已多次被提拔。你習慣靠自己，不怕有點辛苦的工作，但最近你發現要把事情做好有些困難。你被指派的工作有許多都需要和那些似乎對這個工作不了解或者他們的優先事項和你不一致的人合作。當你必須和每個成員都有不同專長的跨職能團隊合作時，這個問題尤其具有挑戰性，肯定很難有效率地合作。

你經常思考這個合作問題，但想不出如何在不激怒隊友的情況下和他們進行協商。你最不願意做的就是激怒他們！當你提議團隊或許可以做一點不同的事情時，很難不在辦公室引發一些戲劇性事件。但什麼都不提也不行，所以你想也許你應該冒個險。

你相信一定有辦法解決人人都爭著做他們自己的優先事項的情況，使你的團隊專注在正確的事務上——也就是會造成最大差異的重要行動。你相信一定有辦法應對這些咄咄逼人的人、被動的人，甚至被動又咄咄逼人的人，這些人都在消磨你的團隊成員的互信。你相信一定有辦法減少不良的團隊合作造成的損害，使業務上軌道。

的確是有辦法。

這些問題的答案就是接受有效益的衝突，開始為有效益的爭吵而爭吵。本書將陪你走過這些步驟。

在 Part 1 中，我們將重點放在企業的衝突案例。我們會先討論種種避免繁瑣的討論與決策的方式，這種逃避方式會阻礙你的業務，使你的團隊功能失調，並增加你的壓力。我們將討論「衝突債」（Conflict debt）這個概念——當你試圖避免需要解決的爭議性問題時所帶來的影響。接著，我們會找出為什麼你一開始就試圖避免這些衝突的所有原因。最後，我們將試著對衝突採取一種新的心態——一種把衝突視為對你想要的結果、你的人際關係，以及你的抗壓性有益的心態。

在 Part 2 中，我們將重點放在有效益的衝突機制上。你將學習如何建立溝通管道，並與同事增加互信。其次，你將學習建立強力連結的技巧，將對手轉變成盟友。最後，你將獲得如何縮短無益或對立的衝突，開始採取致力解決問題的實用策略。你將發現：防止大多數衝突，使那些無法預防的衝突更有效益，並減少對衝突的厭惡是可能的。

在 Part 3 中，我們將探討協助你的團隊將衝突體制化的方法，使它成為自然而然的工作方式。我們會先從闡明期望的流程開始，以增加協調與減少溝通不良的方式來消除大部分衝突。其次，我們將探討如何使團隊內部經常存在的緊張關係正常化，使討論的重心集中在業務問題而不是個人問題。最後，我們將討論在你的團隊中建立健康衝突習慣的技巧。

在附加章節中，我們會把你所學到的全新、有益的衝突技術應用在你最重要的關係上：你的家人。我們將討論有效益的衝突在健康的伴侶關係中扮演的角色，以及你有責任在生活中運用這些技術，為孩子們做榜樣。我們也會轉向家庭以外的地方，將有效益的衝突應用在志工團隊與社區。

在整本書中，我會分享我的客戶的故事（為了保護他們，他們的身分已經過變造），以及他們如何學會利用有效益的衝突，使他們的事業更有利可圖與更創新，使他們的團隊更互信和更有趣，同時也使他們的生活得到更多的回報並減輕壓力。如果我省略我自己的故事，那是不公平的。所以我會告訴你我也經歷過同樣的旅程，並分享我學習與應用有效益的衝突技巧的故事。

很高興認識你。

Part 1

衝突案例

THE CASE FOR CONFLICT

第1章
衝突債

一群醫生在一所豪華的私人俱樂部裡，圍坐在一張桃花心木桌旁開會。這是一個陽光明媚的星期六早晨八點，雖然俱樂部內大部分人都在打網球或在大啖班尼迪克蛋，我們卻擠在一間會議室內討論這群醫生的醫療業務成長停滯。我被請來協助他們解決問題，使業務回歸成長軌道。

他們很少開口，彼此也幾乎沒有眼神的接觸。他們知道他們必須出席，願意犧牲假日來開會，但他們的神情明顯顯示他們寧可在其他地方。為什麼解決少數幾個業務問題會如此困難？這又不是腦部外科手術！但實際上，對其中某些人來說，腦部外科手術遠比領導他們的五十人組織要容易得多。

情況越來越糟，就在早上的休息時間之前，我們開始討論這群人已迴避好幾個月的原始話題。我在我的腦中哼著那首童謠〈我們去獵熊〉。你知道，就是那一首「我們不能從它上面過去，我們不能從它下面過去，我們必須穿越它！」的兒歌，於是我艱難地跋涉前進。顯然，不是每個人都準備穿越它。有個醫生對這些對談非常不滿，激動地闔上她的筆記本，講了幾句氣話後奪門而出。籌備會議的夥伴之一跟在她後面追上去，但無法說服她回來繼續開會。

休息時間，兩名女性與會者在女廁內攔截我，想說服我提出另一個沒有被討論到的敏感問題——一個有關他們輪班分配不平的問題。她們在門邊絮絮地述說長達十年的歷史。而那些男性與會者因為無法在女廁內攔截我，只好訴諸冗長的電子郵件，告訴我這個、那個逐漸惡化的問題。

短短幾個小時之後，我已明白出了什麼問題。當我們用完午餐回來時，我分享我的診斷：「你們需要更多衝突。」

什麼?!他們面面相覷，滿臉困惑。**她剛才說需要更多衝突？**好的一面是，至少現在我讓他們有了眼神的接觸了。他們**完全沒有**料到我會說他們需要更多衝突。他們在處理最小的決策時已痛苦萬分，每次會議都是令人難以忍受的驚恐、憤怒、內疚與挫敗，五味雜陳，他們怎麼可能需要**更多的**衝突？

他們沒有意識到的是他們都深陷在負面的情緒中，因為他們不願意穿越這些負面的情緒。只要他們逃避會引發他們憤怒、內疚與挫折感的話題，他們就會陷入困境。他們忽略了溫斯頓·邱吉爾的一句格言：「如果你要穿越地獄般的困境，你必須勇往直前。」會議桌上的若干問題不是僅僅存在數週或數個月，而是好幾年。他們已想盡辦法**繞過**這些爭議性的問題，但現在他們必須**穿越**它們。

衝突的重要性

不是只有這些醫生避免衝突，我們大多數人從小就被教導衝突是不好的——是我們在建立健康的組織文化時應該避免的。傳統觀念認為衝突不利於生產力，並且會腐蝕信任與參與感。不幸的是，這種觀點和組織如何實際運作完全不符。衝突對組織而言不是壞事：它是組織的基本要素。解決一個問題的對立面，做出對客戶、股東及員工最有利的決策，是每一個人——從董事會到一般員工——每天都必須具備的能力。衝突是策略規劃、資源分配、產品設計、人才管理，以及組織中會發生的其他所有事情，或者至少是組織內**應該**發生的一切的一部分。

不幸的是，情況並非總是如此。當組織需要衝突時，人類總是傾向避免它。我們不會設法解決能幫助我們的組織繼續往前推動的衝突，而是逃避、拖延、規避、閃躲、迴避和推遲衝突。結果形成衝突債。

雖然組織需要衝突，
但人們傾向避免衝突，
結果形成衝突債。

衝突債

衝突債是所有爭議性問題的總和，這些爭議性問題必須解決才能繼續往前推動，但問題卻一直沒有被提出來討論和解決。衝突債可以很簡單：例如不提出回饋意見，好讓你的同事把事情做得更好；它也可以很嚴重：例如持續拖延戰略性決策，使競爭力越來越落後。

這群醫生就是陷入衝突債中。他們每一次逃避使他們的業務成長所需的討論、爭辯與異議，他們就越陷越深。我提到衝突債的概念時，其中一位醫生苦笑承認：「我稱它為『太棘手』的問題。」**是的**，我心想，**他抓到重點了！**他繼續舉出一系列他們已經默許忽略與設法解決的爭議性問題。他們「太棘手」的問題累積太多，又刻意迴避許多問題，以致每一條成長大道都被無法討論的事情所阻礙。

想要了解衝突債的來源，可以用財務負債來比喻。當你用信用卡購買你負擔不起的東西時，你就會有財務上的債務。你想要某個東西，甚至你需要它，但它太昂貴，或者你當時手上沒有現金，於是你用信用卡購買。你合理地認為你會在下次領薪水時立刻付清，但如果你和美國的百分之六十五信用卡持有人一樣，每個月帳單結餘中的負債額越積越多，長期下來你越難擺脫債務。

和財務上的債務一樣，衝突債一開始也是出於天真的想法。出現一個有點棘手的問題，一時難以解決，於是你開始拖延。你對自己保證會在事情比較不忙，或等你頭腦比較冷靜時（例如當豬仔飛上天，或當地獄結冰時）重新審視它。你拖延時間與空間，但日子一天天過去，仍然沒有自發的具體解決方案。相反的，問題變得更具爭議性，摩擦增加，突然間，你已深陷衝突債。你感到焦慮，試圖逃避這個話題，甚至可能迴避你的同事，以免面對這個問題。（你曾經在辦公室繞遠路，避開一個滿腹牢騷的同事嗎？）雖然你很高興躲過衝突，但你仍為缺乏進展而感到沮喪，更別提為你在這個僵局中所扮演的角色感到內疚——衝突債會讓你背負沉重的壓力。

逃避**問題**只是形成衝突債的一個途徑。另一個途徑是逃避**反對**。在這種情況下，你雖然提出問題，但你排除那些可能與你意見相左或造成緊張氣氛的人，只跟那些已經站在你這一邊的人來往。你只關心討論過程是否和諧、有成效，自欺欺人地以為，如果策略性地取消邀請那些人參加會議，你的解決方案將被快速推動。假裝異議不存在不會使異議消失。當你的反對者否定你的計畫，或者更糟的是，聽任計畫失敗時，問題將會重新浮現。

還有第三種形成衝突債的方式：避免摩擦。即使你已經在討論棘手的問題，但如果你明顯規避討論中令人不快的部分，仍然可能為你惹來麻煩——當你表明（有意或無意）你們的對談不應該有任何對立時，你已開始形成衝突債。我經常看到這種情況：當討論即將接近問題的癥結時，有人就會提議「暫時擱置」來逃避處理這個衝突。這時人人都面帶微笑，假裝他們真的會在某個時候重新討論這個問題，使業務恢復正常，但壓制反對意見只會製造衝突債。

這些技巧我都會。我有很長一段時間就是一個避免衝突的人。我會編造各種故事讓自己覺得避免衝突的選擇是正確的。我拖延重要的討論，然後安慰自己日後再討論這個令人不快的話題會更容易。我排斥那些挑戰我的人，合理化地認為我的計畫更勝一籌。我壓制令人不快的對談，但仍然打勾，假裝我的構想已通過審查。你是否也在逃避你的組織需要你去解決的衝突？如果是的話，你正在為你的組織、你的團隊，以及你自己增添麻煩。

辨識你公司的衝突債

衝突債會以不同的方式造成組織癱瘓。它如何呈現在你的組織中？這裡有幾個可能形成的例子。

優先事項不明確

如果要我猜哪一種常見的衝突債對你的團隊危害最大，我會說是「沒有明確排定優先事項」——這是所有衝突債中最普遍的一種。[1] 你的組織可能嘗試進行超越時間或資源許可範圍的事，但沒有人出來指示要繼續做到哪裡，什麼地方要延後，以及在什麼地方終止計畫。當然沒有！因為做這個決定需要領導者將一項專案、一個部門或一個人與另一個人進行競爭——這可能會引發混亂的衝突。領導者沒有協商討論最重要的事項，只是開列一長串優先待辦事項通告組織內部。上面要求優先辦理，但只是授權執行，最終勢必有個人不得不出面決定先做什麼——而這個人可能是你。

大型零售連鎖店的執行團隊都知道這個痛苦的教訓。領導者發憤圖強，他們的

1 《哈佛商業評論》對來自二百五十家公司的八千名管理者進行一項令人震驚的研究，結果顯示，組織根據明確的優先事項來行動極為罕見，只有百分之十一受訪者表示，他們的策略性優先事項有成功所需要的資源。百分之五十一受訪者表示，他們可以取得資源去追求策略性目標以外的機會。這項研究同時顯示，組織在面對變化多端的優先事項時反應不夠靈敏。只有百分之三十受訪的管理者報告，資金會在各單位之間轉移以支持策略。而更少的受訪者（百分之二十）報告，人員會在各單位之間轉移。

雄心壯志使他們低估了優先順序的重要性。他們持續哄騙自己，以為他們可以（而且必須！）一次完成所有工作。當來自房地產、金融服務，以及企業社會責任部門的主管都在同一時間想推出專案，並要求出納員在結帳時對顧客執行時，這些主管有責任協商討論，決定哪些措施最重要。但他們卻同時推動三項措施，而且不願意辯論哪一項措施比其他措施更重要。

優先待辦事項之間的衝突不會消失，它只會越陷越深。營運計畫負責人有機會解決這個問題，但他無權片面取消另一個部門的計畫，也不想讓其他人參與他已知道將會是一場敵對的討論。於是，應該由組織高層來解決的部門與部門之間的衝突越演越烈，最後落到出納員身上。

一旦顧客來到收銀機，優先待辦事項就不能再拖延了。現在要靠出納員來決定何者優先。試想這位出納員當時的窘境：房地產團隊希望你向顧客詢問郵遞區號，以便籌劃未來新店的地點；金融服務部門正在推出認同卡，希望你招攬顧客申請；企業社會責任團隊則希望你說服顧客為一項兒童慈善計畫捐款。

你抬頭看著後面四個排隊的顧客，他們的推車上堆著滿滿的商品，正不耐煩地等著結帳；購物的人不安地蠕動，小孩在哭鬧，家長不時看看手錶。你想到商店後面的計分板，上面顯示在你輪班的時間內增加了多少個郵遞區號，多少人申請信用卡，以及增加多少慈善捐款。你知道如果你同時做這三件事，顧客對購物體驗的評價就會大打折扣。然後，你想到你自己，**喔，那肯定會出現在經理的公告板上！**你嘗試根據可能的結果來決定優先順序：你盡可能衡量每一個顧客，猜測哪一個請求最有效。慈善捐款會勝過郵遞區號嗎？最好是提出一個請求、兩個請求，還是三個請求？值得冒著讓顧客生氣的風險來取得所有資訊嗎？但這絕不是應該由你來決定的事。

高級主管建立了一個衝突債，這些債務卻由初級員工來償還。決策是做了，卻是交由一個不太了解背景的人來執行，並且希望它們有很好的績效。當領導者不區分優先順序時，他們就會把衝突債層層轉嫁下去。在這個案例中，高級主管建立了債務，而付出代價的人是出納員和顧客。

員工與顧客一直在為避免衝突的高級主管付出代價，但付出代價的還不止他們。研究結果顯示，股東也一樣要付出代價。企管顧問公司 ghSmart 在一項縱向（長期）研究中發現，企業執行長長期成功的首要預測因素是：即使在不明確的情況下，他們仍然願意更早、更快、更堅定地做決策。在這項研究中，被形容為「果斷」的人，領導財務高績效企業的可能性高出十二倍。有趣的是，因決策失誤而被公司罷黜的執行長中，**沒有**做決策而遭公司罷黜的人是做了**錯誤**決策的人的兩倍。當我知道優柔寡斷的執行長因未能排定優先順序而形成衝突債，最後為此付出代價時，內心著實深有所感。

創新孤島

沒有明確排定優先順序不是扼殺組織的唯一衝突債形式。有時組織需要各部門間激烈的擦撞才能迸發新的火花，但排拒衝突的公司文化會阻止擦撞發生。你不應該害怕激烈的擦撞！不同部門的人提出不同的意見或支持不同的利益關係者是正常現象，如果他們感覺他們的觀點沒有被重視，他們自然會激動、沮喪或憤怒。領導者往往避免跨部門合作以規避這種摩擦。不幸的是，正是這種摩擦才迸發出創新的火花。

在某些情況下，避免這些令人不快的討論只會延緩爭執。我曾經與一個工程團隊合作，他們埋頭苦幹製造一個精巧的小玩意兒。他們知道如果他們獨立在圈外行銷與出售，他們可以做得更快並減少干擾，於是沒有告訴任何人他們在做什麼。他們不想早一點得到回饋意見，怕會影響他們的工作流程或生產力。他們自以為只是巧妙利用其他部門的時間，事實上他們是試圖避免衝突。他們的方法的確有助於加快他們的腳步，但同時也使他們無法看清他們的概念有瑕疵這個事實。當這些工程師最後從市場與行銷部門得知不會有人力或預算分配給他們去銷售這項產品時，他們都很不高興。我深信，如果銷售、市場行銷部門人員和這些工程師從一開始就聚集在房間內集思廣益討論，這個出色的點子或許有可能變成一個有用的產品。

當你在一個避免衝突的文化中工作，人人都逃避可以建立成功的創新條件的有利對話時，自然不會有什麼創新或不同的結果出現。當然，自我孤立的部門終會逐漸改善，但集思廣益創造真正突破性東西的機會絕不會出現。你的公司是否也有這種安於舒適與安全的孤立心態在保護你避免衝突，但卻使你無法創新呢？

隱藏的風險

厭惡組織衝突有一個不太明顯但可能付出更高代價的影響，那就是：沒有衝突，幾乎不可能辨識和減輕風險。在某些情況下，領導者會因為傲慢心態而拒絕徵求不同意見：「我的計畫怎麼可能會有錯誤？」更常見的是，不是因為傲慢，而是迫於現實。團隊後無退路，只能朝著迫在眉睫的最後期限衝刺，天真地（或者不那麼天真地）希望一切都會迎刃而解，沒有時間讓不同的意見來拖延工作的進展。

計畫必須讓那些能用新的眼光審視它們的人看到，但這是大多數對一項計畫投入大量時間與精力的人最不希望的事。一開始時很容易相信宣傳與炒作，商學院的研究案例中就有許多團隊因忽視警訊而走上失敗之路。迴避那些可能顯現計畫缺陷的人和討論，也是一種衝突債。

對可能的批評者隱瞞計畫的動態，在具備風險與法規遵循功能（負責確保組織遵循所有法規並維護組織安全）的組織中經常出現。我曾經與一家大型銀行的跨國財富管理團隊合作，他們負責使北美以外地區的資產管理業務增長百分之兩百，以實現全球投資組合多元化的目標。他們必須做出「針對哪些國家」和「避開哪些國家」的艱難決定。有些國家有誘人的成長潛力，但經濟或政治局勢動盪不安。風險管理團隊中有深諳這些問題的專家，理應參與討論才對，但相反的，財富主管卻不願意讓風險管理人員參與他們的討論。他們戲稱風險管理主管為「妨礙業務副總」，因為一般來說，對他而言，什麼都不賣是最安全的解決方案。為了避免與風險管理團隊就什麼地區發展業務會比較安全這件事起衝突，財富團隊基本上會說，他們寧可被市場踢屁股也不願被自己組織內的人踢屁股。

無論是什麼形式的衝突債，都會使你的組織付出慘痛的代價。逃避審查過程的壓力測試會使你容易遭遇各種風險。抱持孤立心態會使你的組織缺乏多樣性的創新思想。不明確排定優先順序會使你的資源過度分散，無法發揮影響力。

利息

衝突債的直接代價很高，但間接代價可能更高——當你負債時，你得付出利息。你要為延遲繳款的特權付出代價。衝突債也一樣：沒有解決的原始問題擱置越久，你支付的利息就越高。例如，如果你的組織不能創新，你付出的代價是無力競爭；當你最能幹的員工開始閒置時，你付出的代價更高。事實上，研究結果顯示，百分之六十八的員工沒有完全盡到他們應盡的責任。如果你拒絕排定優先事項，你要付出的代價是執行失敗，以及不堪負荷繁重的工作量和員工士氣低落。當你排斥持懷疑態度的人時，你要付出陷入困境的代價，並在任何應該預見與避免的危機出現時遭到冷嘲熱諷，再一次付出代價——你會一次又一次為衝突債付出代價。

本章一開始的醫生故事就是這種情況。拖延決定使他們陷入衝突債，其中有些決定甚至延宕了好幾年。問題發生時，一些新加入的成員甚至還不是組織的一員，他們從未聽說過這些問題，更別提有機會去權衡輕重。可悲的是，無論他們是否該為這個衝突債負責，他們都在為組織的成長停滯、對立、缺乏信任，以及一種已成形的、強烈抗拒任何試圖找出問題根源的文化而付出代價。

團隊內部的衝突債

不是所有衝突債都源自於領導者迴避艱難的商業決策，團隊內部也可能形成衝突債。你可能為了避免不愉快的人際關係問題，或忍受功能失調的團隊動態，而使你的團隊債務增加。如果你讓這些問題累積過多，你會發現你的團隊大部分精力都浪費在使團隊功能失調的戲劇性事件上，而不是用在把事情做好。你是否忽視任何可能導致你的團隊發生衝突的問題？

技能不足

團隊衝突有一種常見的現象，就是無法處理長期表現不佳的人。我看到許多管理者有意識地容許不適任的人參加會議。不幸的是，整個團隊為此而付出代價。你的團隊中有這種不適任的人嗎？他們在某一方面也許有能力，但現在他們的角色已被新興的商業模式否定，他們的技能隨著科技進步而顯得過時，或者他們的精力已被日常工作消耗殆盡。你告訴自己你別無選擇：「要取代這些技能需要花六個月，多一個人總比少一個人好。」或者，「他們在這裡做很久了，讓他們離開成本太高。」或者，「他是執行長的女婿，我不能開除他！」如果你試圖避免和一個表現不佳的人起衝突，你可以用許多藉口來合理化你的不採取行動。但是你要知道，避免和表現不佳的人起衝突，會導致你和其他所有人發生衝突。

對於你的團隊中表現**良好**的人，如果你強迫他們拖著一個工作能力欠佳的人一起做事，會讓他們產生煩惱，也可能因為一個薄弱的環節而影響整個團隊的聲譽。

未能處理一個表現不佳的員工，會使表現良好的員工失去動力而變得消極。他們會預期他們的工作量將會增加——不是因為隊友無法按時完成工作而加班，就是必須投入更多時間協助隊友做他們自己該做的工作。（「好吧，菲利，我再講一遍，你要這樣轉接電話。」）身為管理者的你不願意處理表現不佳的員工，你會為你的優秀員工製造衝突。這是開倒車，但卻是常見的現象。

不良行為

表現不佳不僅會導致團隊衝突，不良行為也是一個重大的問題。我合作過的某個團隊就是一個領導者容忍不良行為而形成惡性循環的例子。這個團隊從事成本競爭激烈的科技業，他們感受到來自各方的壓力。銷售主管法蘭克盡全力保護他們的價格，而營運主管亞當則盡可能設法刪減人員以保護他們的利潤。每個部門都在奮力打拚，但他們看不到同僚為解決方案所做的貢獻，這使得每個人都認為他們是唯一在努力工作的人，其他人都在偷懶。

有一天，當著整個團隊的面，法蘭克對亞當宣洩他的不滿。法蘭克指責亞當在降低產品成本方面做得不夠好。他以高傲的姿態批評，暗示亞當與現實脫節，不明白他有多麼落後。毫不意外地，亞當開始防衛，為自己的選擇辯護，並說出：「有人才需要考慮品格問題！」這樣的話。

團隊的其他成員，包括領導者，從法蘭克的長篇大論中看到真相的核心，但他們沒有將討論拉回正軌，而是匆匆為亞當解圍，讓他擺脫法蘭克的人身攻擊。這種討厭的人際關係動態會使焦點從潛在的業務問題，如利潤減少轉移開來。當天會議結束時，團隊沒有針對成本壓力問題制訂任何計畫，有的只是大家對法蘭克的諸多不滿，以及對亞當的些許懷疑。

整個危機之所以引發，是因為沒有人有機會對亞當的計畫進行壓力測試，法蘭克也沒有機會積極表達他的顧慮。企業的衝突債又多加一重團隊的衝突債。唉！

我常看到管理者容忍像法蘭克這種對周遭的人都有害的粗暴行為。如果攻擊者是個績效不錯的人，這種情況尤為常見。不良行為有很多種形式：無恥的八卦、冷嘲熱諷唱反調的人，或是自大的大嘴巴。最可怕的角色可能是激進強勢型，他們會立刻大吼大叫，怪罪他人。你的團隊中有一個這樣的人，就可以在連續體

（continuum）的任何地方引發一種動態，從激烈的挑釁式混亂，到沉默的大眾聽任霸凌的人如願以償。最常見的反應介於中間：被動型攻擊行為。

如果你曾經不得不處理你的團隊中的被動型攻擊螺旋，你會知道你要應付的是兩個麻煩人物：一個是率先發動攻擊的那個人，另一個是以游擊戰術因應的那個人。你很容易做出這樣的結論：他們兩人活該，然後不予理會隨他們去。但不遏止這種局面並非好事，在沒有適當討論以解決問題的情況下，那個被動型攻擊的人會繼續生悶氣。其他人看表面情況以為還好便繼續往前走，但中途卻會被某個秘密反對分子的側面攻擊影響。如果你不理會團隊內部的消極抵抗行為，那麼你所期待的進度會停滯、信任感會逐漸被侵蝕，減弱信心。不幸的是，對管理者來說，消極抵抗（被動型攻擊）是一個特別陰險的問題，因為不良行為可能隱而未現，你將面對越來越龐大的衝突債而不自知。

粗暴型攻擊必須處理，懷恨在心的被動型攻擊也必須解決，但是那些受害者呢？當你的團隊中出現不良行為時，肯定會有受傷的人。你可以從他們的「我好苦哇！」的態度，以及他們無力或不願意為自己挺身而出知道他們是誰。你的辦公室是否也因為有人受傷而增加衝突債呢？

團隊中有人因為團隊的事而感到委屈，這種情況如果不解決，它所造成的「削弱性債務」和「不解決就會更明顯的反社會行為」結果是一樣的。受傷的同事必須忍受相當多的抱怨，並投入精力設法提高同事低迷的士氣。如果這些嘗試未能安撫他們，受傷者的挫折感會逐漸沸騰，轉而發動攻擊。令人意外的是，受害者心態的形成可能會給團隊中的每一個人帶來問題——團隊成員必須保護自己免受他們剛剛試圖安撫的人的攻擊。

當一個使團隊功能失調的事端製造出另一個使團隊功能失調的事端時，你可以看到團隊的衝突債如何加重、惡化；攻擊者觸發被動攻擊者，反之亦然。無論是攻擊型或被動攻擊型的團隊成員，都能觸發他人的受害者心態。如此一來，你所有的精力都將用來處理這些戲劇性事件，而不是用來完成工作。在這種情況下，即使你想挽救你的團隊也為時已晚，人與人之間的信任一旦被腐蝕了，幾乎不可能再挽回。

你想讓團隊起死回生，也許必須有人離開。以我的經驗來看，你或許會驚訝更需要離開的人是受傷者，而不是攻擊者。攻擊型（或喜談八卦，或喜歡冷嘲熱諷）的人可以學會利用更具建設性的出口來解決他們的問題，但那些受委屈的人通常缺乏再一次認真嘗試使團隊變得更好的精力與韌性，他們會因為這次經歷而筋疲力竭，已無力返回原點。

研究顯示，團隊的人際衝突債會造成數十億美元的經濟損失，因為沒有解決的衝突會導致曠職率上升。因人際關係惡化造成的衝突也會導致短期失能，不但使成本增加，同時危害組織。管理者不願意或無能解決衝突債的另一個有趣的副作用是：對外部的爭議處理機制的依賴會增強。員工在內部找不到解決問題的管道就會訴諸外部的調解人、仲裁者，甚至告上法庭，這都會大量消耗管理者的時間，使組織的成本增加。衝突債又再度從這方面或另一方面付出代價。

個人付出的代價

我們已經討論了衝突債對你的組織與團隊的負面影響，但在個人方面，衝突債造成的損失更大。當你壓抑你的擔憂、淡化你的疑慮，或者不能為自己辯護時，你會陷入衝突債。個人的衝突債衍生的利息可能使你逐漸變得虛弱，例如夜晚失眠、自我懷疑，也會造成慢性壓力。

我自己就有過這種經驗。我辭掉第一份工作是因為我和我的老闆關係交惡，而我又太厭惡衝突而不去處理。她是個強勢、主導性高的女性，缺乏同情心與洞察力。我們的敵對關係使我承受極大的壓力，我不但要為自己的事業打拚，而且我當時是個新上任的經理，還得盡力保護向我報告的人。我成了她和我的團隊之間的避震器，每天下班後都筋疲力竭，回到家已經沒有力氣再去照顧我的丈夫和幼小的女兒。夜裡我輾轉難眠，最後，我決定離職會比處理我的衝突債更容易——等同宣告破產。

我去了很多地方面試，希望找一個再也不會發生這種情況的工作。我找到一個龐大的組織和一個很好的老闆。頭兩年工作非常愉快，但漸漸地，我的第二個團隊也開始功能失調。現在我不但是個經理，還是個領導者，是一個實施重大變革的團隊的一分子。我們正在合併小組，更換主管，修改策略，搬遷辦公室——所有能讓人感到重重壓力並展現最壞的那一面的事情。我們經歷了消極行為、攻擊行為、被動型攻擊行為，只要你能說得出來，都在我們團隊中發生了。

我和任何人一樣在這項行動中做出反應——我過分積極地推動新秩序，不讓我的團隊有議論合法抵制的空間；我逃避不愉快的對談，也沒有盡全力做好人際關係來應對背後的流言。我又再一次面對挑戰、痛苦，和重新塑造角色的局面。晚上回到家後我無精打采地倒在沙發上，忽略我的家庭（這時我已經有兩個孩子），懷疑我是否還能再繼續幹三十年這樣的工作。由於缺乏改變現狀的意圖，我又再度形成難以處理的衝突債。

你也是這樣嗎？你是否每個星期痛苦地上班，越來越不滿意自己所受的待遇，並逐漸對他人產生敵意？雖然每個人的情況似乎不同，但我認為最常見的個人衝突債來源不外是：（一）承擔難以負荷或分配不公的工作量；（二）成長與發展機會不足或不平均；（三）忍受老闆和隊友的不當待遇。如果你對著鏡子告訴自己：「忍著點，姑娘。」以此來回應以下任何一個問題，你就是正在背負衝突債。

工作量

你是否承接越來越龐大的工作量而不推辭？二〇〇八年全球經濟大衰退期間，這種情況出現在我們大多數人身上。公司組織開始裁員，把離職員工的工作量分配給留下來的人。剛開始是為了公司生存，但一段時間後，公司開始執迷於以較低的成本實現較高的成長。你是否也有承擔不合理的工作量的沉重壓力？你是否常感到不知所措，老是擔心你犯了什麼錯？你的老闆每次走到你的辦公桌旁丟下一件新工作時，你是否勉強微笑接受？即便你真的必須對這件額外的工作說「不」，或者至少讓老闆拿掉一點你的其他工作，但眼前先將難以處理的工作量增添到你的衝突債中似乎更容易些，你相信過一段時間之後你就能處理。

我的一個朋友從他年幼的兒子那裡得到一記警鐘。他連續幾個星期熬夜工作，週末又加班，沒能和他的兒子們好好共度快樂時光。一天晚上，他終於可以按時下班回家，卻又為了第二天要交的提案繼續工作。他的大兒子走到他身邊問：「如果你能帶著電腦，可不可以請你載我去球場？」這句話足夠說服他必須和他的老闆討論額外工作量的事。

發展

另一種你可能會拖延的對談是討論你的成長與發展的機會。你的經理始終不提這個問題，你只好繼續努力工作，感覺你好像已準備好迎接下一個挑戰。你的老闆仍舊跟往常一樣，因為你把工作做好，他的日子就很輕鬆。但你做得越久，越覺得你成長了，不再適合這個工作，於是你越來越沮喪，也越來越怠工。這是因為你沒有為自己爭取所要付出的代價。

如果你停留在同一個水平，沒有改變、成長或進步，你累積的債務就越多。你付出的代價是乏味、無聊，覺得日子無止盡地一成不變；你付出的代價是自我懷疑，懷疑你是否有成功的一天；當你看到別人比你擅長政治遊戲而步步高升時，你付出的代價是嫉妒。你背負債務的時間越久，就越相信你沒有成功的條件。你的腦海裡的聲音告訴你，你的老闆不會給你很好的機會，因為你能力不足。當你有了負面心態時，你越可能認為自己不值得，不會意識到那是因為你始終沒有提出要求的緣故。

待遇

你的衝突債不一定和你的工作量或你發展這些標的性的東西有關。代價最高的衝突債可能來自你容忍導致你士氣低落的待遇。人們如何和你互動會強烈影響你的工作體驗，但你又很難找到一個方法來提出你的要求。

這種情況會以最簡單的方式發生。我記得我以前的工作場所重新設計辦公室，我們搬到一個開放的空間，成排的辦公桌沒有隔間。團隊中有個內向的人，她的工作需要長時間的安靜與專注，現在被安排坐在貫穿辦公室的主通道旁。她是個和善的人，只要有人經過她都會抬頭對他們微笑。大多數人會迎接她的目光，停下來和她聊幾句話，氣氛雖然融洽，但這個新的安排卻嚴重影響她的工作效能。時間一久，她就因為工作持續被打斷而感到沮喪。為了團隊利益而犧牲個人利益，對任何人都沒有幫助。

把內向的人放在一個人來人往的辦公地點是一個無心的疏忽，好在最後被糾正過來了。有些和你的個人風格衝突的事不一定無傷大雅，你也許是那種需要一點時間思考才能充分增加自我價值的人，如果面對一個喜歡突然找你談事情，並期待你能快速提供答案的經理，你可能會一時語無倫次或結巴，等過了一個鐘頭之後，你才頓悟出最好的答案。如果你不告訴你的上司你需要時間思考，那麼他每次突然找你，尋求你的意見時，你都會感到自己能力不足。

當你很難面對你的老闆談你受到的待遇時，你可能還不會怎樣，但是容忍同儕對你態度不好，你會越來越沮喪。無論是經常在會議上打斷你的話的人，在旁邊小隔間辦公室用「擴音」方式講電話的人，或者你發現在休息室低聲談論你，見到你之後不發一語便匆匆走開的那個人，都會使你和你的同事形成衝突債。現在你不但要處理原始問題帶來的影響（工作經常被打斷、分心，或被隊友的行為羞辱），還要處理你忍受這種不良對待所產生的挫折感。

償還的時候到了

衝突債會影響你的表現。在組織方面，不願意處理不愉快的情況會壓迫資源分配，造成創新孤島，看不見風險。在團隊方面，厭惡容易引發憤怒的對談，也會使強勢者需要彌補弱勢者，成熟的人需要忍受不成熟的人。在個人方面，為自己辯護的不愉快情緒會使你筋疲力竭。

當你的衝突債累積越多時，它會淹沒你。你一想到償還債務就會感到疲憊。聽任這些問題懸而未決，時間久了，你和你的老闆，以及你和你的同事之間的信用評級會受損，情況可能嚴重到讓你想宣告破產，和我一樣，不得不轉換到另一個團隊重起爐灶。但是請你不要放棄——你可以做很多事情來擺脫你的衝突債。

摘要

- 組織需要衝突來推動運作。從制訂策略性計畫到提交建設性的回饋意見，成為組織中的一員意味著你必須解決令人不快的情況。
- 當你逃避必要的討論和決策時，它會形成衝突債。當你迴避有爭議的問題、排斥反對的聲音，或設法使對談安全地規避實際問題時，都有可能導致這種結果。
- 有了衝突債，還會因為挫折感、漠不關心及信心減弱，使本金加上利息，導致債務越積越多。

- 衝突債會使組織付出高昂的代價。不願意解決組織衝突會阻礙有效率的優先順序，造成創新的想法被隔絕，也會使風險不容易被看到。
- 逃避人際關係衝突會阻礙團隊合作。管理者如果不能解決團隊中技能不足，或有破壞性行為的成員問題，將會增加衝突債，從而影響團隊中的每一個人。
- 衝突債也會深植於個人。當你不能為自己爭取到易於管理的工作量、對你的業務發展有益的投資，或甚至適合你的基本工作情況時，你的工作會成為一個重大的壓力來源。

第2章

厭惡衝突與避免衝突

我厭惡衝突，真的。我的專業雖然是教唆衝突，但我沒有因此迷失。我可以向你保證，儘管這是我的職業，但是當我不在客戶的舒適會議室（在那裡我覺得比較能掌控一切）時，只要一想到意見分歧，我就會手心出汗，微微感到頭暈。老實說，甚至無需等到意見分歧，只要一想到我可能使某一個人（事實上幾乎每個人）討厭我時，我就感到不舒服。

我從小就厭惡衝突。我是在一個充滿愛心的美好家庭長大的。我們全家每天晚上聚在一起吃晚飯，然後一起觀賞公共電視網的「麥克尼爾／萊勒新聞報導」（The MacNeil/Lehrer Report）。父母鼓勵我們討論，熱烈辯論，對事實提出質疑。只有一個規定：任何可能被歸類為爭吵的一概禁止。在我的印象中，父母親不曾對我大聲說話，或他們彼此拉高嗓門對話，一次都沒有。

我懷疑我的父親是問題的根源。我的母親是個強勢、充滿自信的人，從不怯於堅持她的信念，但我的父親則不同，他很敏感，很懂得語言的力量。他利用話語鼓勵他人，遣詞用字十分謹慎，絕不以語言為武器。例如，我的朋友到我們家總是感到吃驚，因為我們家允許說髒話，有時甚至鼓勵說髒話。我們家只有兩個禁忌：「閉嘴」和「笨蛋」，因為這些用詞是對人身的攻擊。在我們家，「狗屎」不算是髒話。

我相信我的父親不願意和人起衝突的原因，與衝突對他的影響極為深刻有關——當人們傷害我的父親時，那個傷口永遠不會癒合。即使是極輕微的事件造成的傷害，也會一直持續到許多年之後。當然，他的敏感影響了其他家人——我們學會不談不愉快的話題；我們不得不敏銳觀察、聆聽，然後推敲彼此喜歡什麼和不喜歡什麼。我曾經花了兩年時間才讓我父親擺脫恐懼，總算從他口中得知他很擔心他走了之後我不會照顧我媽。他從頭到尾一直擔心，卻一句話也不說。他是如此厭惡衝突，令人印象深刻。

什麼是厭惡衝突？

厭惡衝突是對發生意見分歧普遍感到不安，它通常肇始於小時候的餐桌上，然後隨著你的成長一路跟著你進入會議室。你對衝突的厭惡也許比較溫和，可以用深呼吸和加強一點語氣告訴自己「你可以！」來克服它；或者，你強烈地厭惡衝突，以致你逃避它；或者從任何可能引發爭執的極微小的風險中撤退。你越是強烈厭惡衝突，它越會讓你變得虛弱。然而，如同我們在第一章所討論的，組織需要衝突，避免衝突只會形成衝突債。

厭惡衝突從何而來？

我們對衝突的厭惡有許多不同的來源。原因有先天的和後天的。辨識你一生中如何累積衝突債，是了解厭惡衝突如何影響你的工作和你的人生的第一步。讓我們來看看幾個可能造成你厭惡不舒服的感覺的影響力。

我們的天性

我們天生厭惡衝突。人類之所以演化至今是因為衝突不利於人際關係，而人際關係是生存的關鍵。我們穴居的遠古祖先不希望捲入爭鬥，因為爭鬥會使他們離開山洞，成為劍齒虎的獵物。在基因上和生理上，你和你的史前祖先的距離沒有很遙遠。你的大腦不斷在掃描危及你安全的威脅，當它辨識到一個威脅時，它會叫你避開。今天，這些威脅與劍齒虎沒有太大關係，但它們仍然與可能使你喪失部落中地位、並遭到表決逐出洞穴有著密切的關係。我不必費心闡述這一點，它已足夠讓你認識到你厭惡衝突和生物學有一點關係。

童年

你一出生就開始尋求連結與避免衝突，不久，你的父母和周遭的榜樣又使你增強這種傾向。你厭惡衝突大致可以追溯到你小時候所受的教導。那時候，這些教導的標題是「禮貌」。二十世紀的父母認為衝突和禮貌對立。一般人的觀念是衝突有損尊嚴，但你周遭的成年人有他們自己的一套說詞和口頭禪來表達這一點。這裡有四種我最喜歡的表達方式。

1.「如果你不能說好話，就什麼也別說。」

如果你的爺爺奶奶曾經對你說過這句話，他們很可能是在教導你做人不要太刻薄。在此鄭重宣布，我同意奶奶說的：你不應該因為佛瑞迪的腳踏車有個籃子、車把上有流蘇裝飾，就說他的腳踏車很「娘」。不過，當你的母親問你喜不喜歡你的午餐便當時，奶奶開始告狀，說你告訴她，母親為你準備的梨子有許多撞傷，帶到學校已經壞了，不能吃了。這時我就會開始認為親愛的奶奶思想有問題。

問題是奶奶是在教導你：表面上**看起來**好勝過**實際上**好。你喜不喜歡午餐不重要，重要的是你不能傷害你母親的感覺，一定要說它「好」。為所有相關的人保留面子，是禮貌社會中人與人的相處之道。因此，你要壓抑你的憂慮，學會他人覺得好比你自己覺得好更重要。

一旦你將這個教導內化在心底，它會以很多方式呈現在你成長後的生活。小時候便當中那個有傷痕的梨子，現在換成餐廳內一塊沒有完全煮熟的雞肉。當侍者詢問你對餐點是否滿意時，你告訴他「很好」。你把沒有完全煮熟的雞肉外頭部分吃掉，把帶一點血的中間部位藏在馬鈴薯泥底下，希望你回家後不要拿著那個大型復古瓷器電話機對拉爾夫抱怨一整夜。如果你遵守老奶奶的「不好法則」，你會忍受這個悲慘的經歷，絕口不提。

不幸的是，你對這個「不好法則」有時會有自己的看法。它會變成「不好法則B」：「如果你不能說好話，就等到別人聽不到的時候再說。」你之所以切換到這個模式是因為你知道：壓抑你的評論並不能消除你的負面思想，你需要在某個地方發洩你的不健康情緒，於是你找了一個安全的出口。如果你採取這種「不好法則」的被動型攻擊，那麼你的雞肉慘案發生的第二天，你會對四個人抱怨你的慘痛遭遇，並在 Yelp 評論網站張貼給這家餐廳一顆星的評論——你沒有給那位侍者或餐廳任何挽救的機會就擅自造成這些傷害。你的奶奶這時應該會覺得你很懦弱！

「不好法則」也會對工作造成嚴重損害。現在將這塊半生熟的雞肉比喻成你的團隊隊友上臺報告，報告的核心內容就像那塊雞肉一樣半生不熟。你在會議上什麼也沒說，要麼任由他的報告在得不到建設性回饋的情況下繼續進行，要麼更糟，你選擇「不好法則B」，事後在走廊上和你的同事竊竊私語，批評這個報告荒唐可笑。

2.「管好你自己的事」

奶奶的告誡不是你的腦子裡唯一鼓勵你厭惡衝突的聲音。在你的成長過程中，可能曾經有個老師對你說：「管好你自己的事。」以我為例，我的四年級導師藍老師就常說「管好你自己的蜂蠟（beeswax）」這句話。我始終不明白這句話出自何處，也不明白蜜蜂的團結行為和四年級有什麼關係。我只知道這意味著我應該對四周惡劣的談話與關係保持沉默。我的同班同學的不良行為，從排擠不受歡迎的學生到偷竊棒球卡，範圍甚廣。在一切情況下，他們都期望我不要多管閒事，如果我破壞這個規矩，我就是個「告密者」。

這個「管好你自己的事」引發的問題是，你必須學會忍受對你造成重大損害的行為。我曾為了班上同學的不良行為而飽受折磨，因為，雖然這些行為影響了我在操場上、在教室裡，以及每天來回四十分鐘的校車時間，但顯然在技術上它們不是「我的事」。

不良行為造成的損害也超出你的能力範圍。沒有人教你如何辨別同學的打鬧是否健康並合乎規定，或者，它是否為霸凌卻得以豁免。也許兩者都有。他們先是大吵大鬧，接著開始扭打，你置身事外袖手旁觀，眼睜睜看著它演變成更危險的事件。你有多少次默默地冷眼旁觀霸凌事件發生？一項對霸凌行為的研究結果顯示，百分之八十五的霸凌事件都有一個或一個以上的旁觀者目擊此一惡劣行為，只有百分之十的霸凌事件有旁觀者出面干預。當你知道只要有旁觀者大聲說句話，大多數霸凌事件就能在十秒鐘內結束時，這個統計數據就更令人不安。我們真的希望孩子們「只管自己的事」嗎？

你在工作中目擊的不良行為並非都像霸凌那麼可怕，有些行為看似無害，但仍會造成損害。它也許很簡單，譬如忽視你的同事在一個問題上所犯的明顯錯誤，但當實施過程中一個小誤差變成大裂痕時，問題就出現了。事後反覆檢查不但減緩工作進度，還可能衍生敵意。如果你一開始就要求各方闡明他們的立場，就可以免去這些敵意。

還有其他一些不良行為的例子可能危害更大。例如：你也許會藉由成為同事發洩情緒與談論八卦的出口。了解到你的團隊內部存在的裂痕，聆聽著他們質疑彼此的能力或甚至他們的誠信，但你不知道該怎麼辦。你只是聽他們發洩，不知道如何去幫助他們，或緩和他們的憤怒與挫折感。你袖手旁觀，因為它畢竟和你無關。

3.「看看你做了什麼！」

你還記得小時候曾經發生這樣的事嗎？你說了一句話，另一個小孩就開始哇哇大哭或者鬧脾氣。如果你曾經有過像我這樣的經驗，這時就會有個成年人忽然冒出來，雙手扠腰，然後搖動一根手指訓誡你：「看看你做了什麼！」你不是很清楚你犯了什麼錯，但你百分之百知道你有麻煩了。

你可能從這個「看看你做了什麼！」學會兩件事。首先，別人的心情不好，所以要避免公開表達你的情緒。至少那是你的邏輯推論，因為每次只要有人生氣、傷心或沮喪時，大人的情緒就會以種種不同的方式惡化。快速安撫發脾氣的孩子的方法是口頭安慰他或給他一支棒棒糖，而以嚴格管教方式傳達愛的成年人就會情緒化地脫口說：「你們這些小鬼快把我逼瘋了！」

其次，你學會另一個小孩發脾氣是你的錯。也許你只是告訴山姆你不能出去玩，因為喬丹請你去參加他的生日派對。山姆感覺被排擠，便難過得放聲大哭，但你並沒有說任何壞話。你怎麼知道山姆沒有被邀請參加生日派對？但是大人才不管那些背後的故事，他們來到現場，看見誰在哭，立刻責怪另一個人。山姆心情不好，但錯的是你。

現在你是個成年人了，你凡事小心謹慎，就怕激怒他人。你的團隊有需要解決的嚴重問題，但你深信處處埋著情緒化的地雷，而你不想冒險觸動這些地雷。你不進入危險地帶，你只是撒手不管。結果，那些哭叫嚷嚷的人挾持你的團隊做為人質。你走不過去，只好繞遠路。你絕對不會因為有人在會議室一把鼻涕一把眼淚而承擔任何過失。

4.「別惹麻煩」

我們與強權的不健康關係也肇始於童年。當你的老師、教練，或童子軍隊長為人刻薄、不公平或缺乏效率時，你即使抱怨，他們也置若罔聞。你被告知「別惹麻煩」，就像那次你練完足球回家告訴父母教練非常不公平時，他們只是拍拍你的頭，說「再繼續努力」和「乖一點」。

你學會不去質疑位高權重的人；你學會這樣做是正確的；你學會當你的上司做了一件你不喜歡的事時，必須改變的人是你，不是他們；你學會隱忍，而不是舉發強權所犯的錯誤。

難怪身為成年人，你遲遲不敢說出任何質疑或挑戰上司的話。畢竟，如果說出口，你可能會「惹麻煩」。於是，你任由有害的、沒有條理的，或甚至不誠實的上司繼續破壞，因為你不想惹他生氣……而且你不希望被炒魷魚。你知道你要隱忍，而不是試著去改善它。

這裡要提醒你：雖然「別惹麻煩法則」對童年的你也許是真實的，但我從和我的子女那個世代的人相處的經驗得知，這個法則正在改變。現代所謂的直升機父母可能不會服從權威人物，特別是涉及他們的心肝寶貝的事情。不幸的是，這些過度保護的家長沒有教導他們的子女如何對強權說出實話；相反的，家長會自己出面去拯救他們的子女，他們會和老師、校長或教練較量。這種「拯救」方式只會教導孩子權力（老師）必須與權力（家長）抗衡。遺憾的是，最後的結果仍然強烈傾向厭惡衝突。我會在〈附加章節〉中更詳細討論我們教養避免衝突的孩子所造成的損害。

更多厭惡衝突的危險因子

到現在為止，我一直在談成年人在我們的生活中善意地誤導我們衝突是不禮貌的行為。當然，還有更多危險情況可能導致你厭惡衝突。我最近遇到幾個人，主要是婦女，她們小時候一再被告知（多多少少是以直接的方式）不要多嘴，有的直接警告：「妳**太**大聲了！」有的是微妙的暗示：「噓！」或告誡子女只能旁觀，不能發表意見。如果你是被一個否定你話語權的人撫養長大，那麼若你覺得說出你的想法是不對的，這並不是你的錯。

保持沉默或忽視，不是厭惡衝突最糟糕的原因。如果你是在一個認為爭吵是惡劣的、有害的，或甚至暴力的家庭中長大，你畏懼衝突完全合理。對你而言，衝突不可能有結果；它只會造成傷害。你學會凡事保持和諧，避免引發爭吵。你變得長袖善舞，不去激怒任何人。由於缺乏健康的衝突榜樣，你從來不知道它的存在。不計代價避免衝突是你生活的世界中一個合乎邏輯與理性的反應。但我向你保證，還有另一種選擇。

家庭以外

長大後你對衝突的看法開始受家庭以外的人影響。在青春期，你的同儕對你有重大的影響，如果你的中學同學和我的同學一樣，他們不會喜歡你質疑他們的行動。說你不想喝酒或吸菸，對你而言也許是明智之舉，但對你的朋友而言，那一點也不酷。你學會如果你想和他們在一起，就應該把不同的意見藏在你的心底。

有令人信服的證據顯示，人們會盡全力避免成為群組中唯一唱反調的人，其中最著名的研究是一九九五年的所羅門・阿希實驗（Solomon Asch experiment）。在這項研究中，研究人員發給一屋子學生許多根線，這些線明顯長短不同。除了其中一個學生之外，阿希賄賂其他所有學生，請他們宣稱最短的一根線是最長的線，結果那個沒有被賄賂的學生最後也默許了，承認那根最短的線是最長的線。可見融入群體的力量影響深刻。

有時在工作上，你可能也會有參與阿希實驗的感覺。「我們看的是同一根線嗎？」以我而言，我在開始做第一份工作的兩個月之內，就接到這個響亮而清晰的訊息：保持和睦相處。我從研究所畢業後，在一家顧問公司裡從事與員工分析的相關工作。我和一位比我任職更久的同僚共事，他在我就職之前一直都在做統計分析。我們一起合作第一件專案時，我便發現他的分析有錯誤，他的結論不正確而且具誤導性。我做了我在學校時所受到的教導：平靜而直接地指出他的錯誤。我的主要重點是暗示我們要與顧客分享無可辯解的結論。我自以為我挽救了這一天。不幸的是，他的上司認為我沒有分寸，並對我的經理表達他的不滿，他說我**不禮貌**。成為職業婦女之後，我的記事本還沒寫到一半，我已學會閉嘴了。

這位避免衝突的上司也在教我要避免衝突，這一點有研究可以支持：研究結果顯示，有避免衝突的上司就會有避免衝突的下屬。一項由米雪兒．格爾芬（Michele Gelfand）和她的同僚所做的研究顯示，領導者的衝突風格會被轉譯為他們所謂部門的「衝突文化」，避免衝突的管理者領導避免衝突的部門。

衝突是健康關係的自然成分，也是抵禦不健康關係的重要防衛。

如果你在避免衝突的文化中工作，你一定看得出來。它從管理者迴避爭論開始，但從這裡開始，雪球會越滾越大，很快地，你的組織將會滾出新的組織價值觀，強調「團隊合作」與「互相尊重」。當你走過掛在牆上的價值觀牌匾時，你會發現排在第一位的是「誠信」。但誠信並不代表你可以表達你的信念，如果你的信念會破壞團隊和諧的話。

我在前面提到過我曾在一家從事員工調查的顧問公司工作。我對於員工調查在「使厭惡衝突心態持續」上所扮演的角色深感內疚。當時看來一切似乎都是無害且立意良善，但一段時日之後，「員工的參與感」成為使每個人都快樂的代名詞。我們指導管理者不要製造爭端，也不要使任何人感到不愉快。為了確保他們了解這個訊息，我們將員工評比與獎金掛鉤。現在我們希望管理者強調問責制，支持改革，轉型再轉型，但看在老天爺的分上，請務必使每個人都快樂！

你的父母教導你，有禮貌的人不會出言不遜。他們教你閉上嘴巴，移開視線，或者退下。接下來，你的老師、教練和老闆們又紛紛做榜樣，確保你將你的顧慮留給自己，或者至少以最溫和的方式提出來。當你在琢磨著要不要說出可能引發摩擦的話時，你的腦子裡仍然可以聽到他們諄諄告誡的聲音。我的朋友戲稱她腦子裡的這些聲音是個「討厭的迷你委員會」。你知道：他們老是賴在你的肩膀上，在你耳邊碎碎念，提供壞點子。

多虧了這個「討厭的迷你委員會」，你學會了避免衝突。而由於衝突不被允許，你從未學會如何與人進行開誠布公、善意或有效益的衝突。現在你不知道如何利用衝突，使它成為健康關係的自然成分，或抵禦任何不健康關係的防衛手段。難怪你會有衝突債。

厭惡衝突會形成衝突債。當你的領導者不希望有衝突時，他們不會排定優先順序，因此你現在做任何事都只能做一點點，沒有足夠的資源把任何事情做好。這是為什麼人人都有八十七件待辦事項，以及每週得開三十二小時的會議。此外，由於你的經理不喜歡衝突，即使你的隊友在開會時表現惡劣，他也不會採取行動，於是你每週三十二小時的會議，其中有三十一小時是極為痛苦的。而且，由於你被教導不喜歡衝突，你不會嘗試提出任何意見去改善它。

厭惡衝突vs.避免衝突

我一開始就告訴你我厭惡衝突。我和你一樣會擔心並反芻不愉快的對談。那麼，一個打從出生就厭惡衝突的人，最後怎麼會從事一個每天尋找衝突的行業？我花了二十多年時間親眼目睹組織、團隊、個人為衝突債付出代價。有一天，我終於下定決心，不讓我的厭惡衝突主宰我（有點像我決定停止喝汽水那一天），結果發現，真正的問題不在厭惡衝突，避免衝突才是問題的關鍵。

厭惡衝突與避免衝突有什麼差別？厭惡衝突指的是你不喜歡衝突，你提防衝突，寧願一整天都沒有衝突。避免衝突指的是你不想要衝突，你積極迴避需要你與他人意見不同的情境。厭惡衝突在轉變成避免衝突之前不會損害你。不幸的是，你也許還無法區分兩者的差別，你只知道你不喜歡衝突，無論如何也不想介入衝突。

也許這樣的解釋能有所幫助。我對我的厭惡衝突的思維，和我對運動的思維一模一樣。我真的不喜歡運動。我不是那種喜歡流汗、喜歡大量分泌腦內啡的人。不，我討厭運動，但我運動，我會穿上最能突顯我的身材的萊卡材質運動服，每週花幾個鐘頭時間去健身。我不會讓我的「討厭」變成「避免」。我的健康不會因為我討厭運動而受到負面影響；如果我讓「討厭」變成「避免」，它才會影響我。

避免衝突

研究人員將衝突歸類為幾種不同的模式。一種主要的衝突模式叫「湯瑪斯－基爾曼衝突解決模式」（Thomas-Kilmann Instrument），它以兩個層面來區分：你的方法是否滿足**你的**需求（他們稱為「獨斷」），以及它是否滿足對方的需求（他們稱為「合作」）。這種模式可以從以下四個方塊來理解：設法滿足雙方的需求是「協作」（Collaborating）；滿足你自己的需求而無視於對方的需求是「競爭」（Competing）；滿足對方的需求但未滿足自己的需求是「給人方便」（Accommodating）；不去嘗試滿足任何人的需求是「避免」（Avoiding）；四個方塊的中央方塊是「妥協」（Compromising），雙方至少會嘗試滿足對方的某些需求。

在這個圖示中，兩種衝突狀態都可以被視為避免衝突。最迴避衝

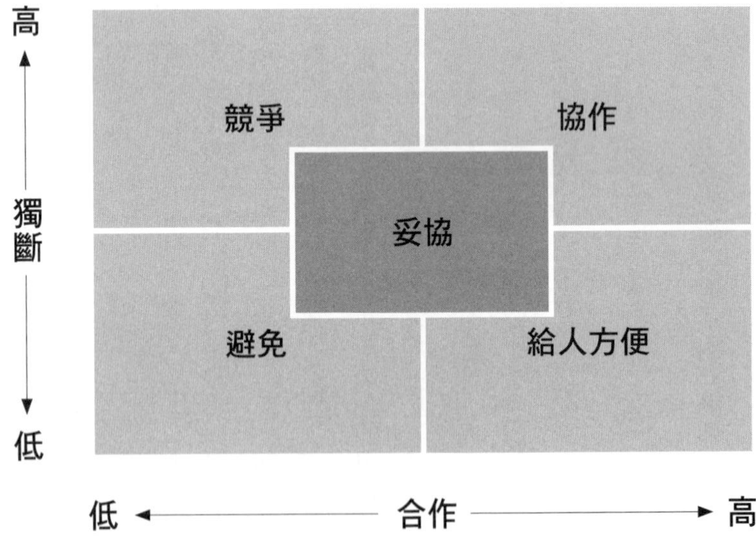

突的策略，可想而知是「避免」。在這種情況下，你完全避開話題，不給自己或對方嘗試解決問題的機會。你採取迂迴策略，改變話題、略過討論、或躲進廁所避免對方質疑。「避免」使你們不會在會議桌上討論問題，更別提解決問題。

對於厭惡衝突的人，「避免」可能是一把雙刃劍。雖然你將不愉快暫時往後推遲，但你可能會累積壓力。取決於問題的重要性與相關人員的個性，這可能會引爆情緒，導致不愉快的事件發生，這時產生的衝突會比你提出來當面討論的情況嚴重得多。在這種情況下似乎只有兩種選擇：避免衝突，或參與不愉快的衝突。如此一來，你的「避免」將會導致更強烈的厭惡衝突，從而形成惡性循環。

一種比較不那麼過分避免衝突的模式是你參與（或無法迴避）不愉快的話題，但你採取了被動的方式——「給人方便」。在給人方便的情況下，你讓對方滿足他們的需求，卻未遊說他們滿足你的需求。你在拔河比賽中放下了繩索：「我放棄，你贏了。」這樣做的你沒有迴避問題，但你卻避開了衝突。如果你不經過一番力爭就放棄你的立場，你將無法滿足你的需求或指望你的人的需求。你可能會使團隊中的其他人失望，錯過使構想發揮得更好的機會，或放棄指出這個計畫中的缺點的機會。給人方便是要付出代價的，而且是由你和期待你提出觀點的人付出代價。

在避免衝突的標題下，最後一個值得討論的衝突模式是「妥協」。妥協不一定是避免衝突，但在沒有滿足你自己或對方需求的情況下以最快速的方式達成解決方案，顯示避免衝突的人試圖盡快脫離不愉快的局面。

ＦＢＩ人質與衝突談判專家克里斯・佛斯（Chris Voss）在他的精采著作《ＦＢＩ談判協商術》（Never Split the Difference）中闡述了妥協的效應。他舉一個想像的情境為例：丈夫想穿黑鞋，他的妻子則希望他穿棕色鞋。雙方妥協的結果是丈夫一隻腳穿黑鞋，另一隻腳穿棕色鞋——一個完全不合適的解決方案。每當我聽到有兩個人因為想盡快脫離不愉快的對談而妥協時，我總是想像他們每個人都各穿一隻黑鞋和棕色鞋，有人稱之為「時尚警察」。

我並不是說避免衝突普遍都是不好的。湯瑪斯－基爾曼理論的基礎是：每一種衝突模式都有它的時間和地點，在某些情況下，避免問題是合理的。例如，當每個人都過於情緒化，無法進行建設性的討論時，將它延後一段時間是明智的。而在某些情況下，給人方便是最好的辦法，特別是如果這個問題對對方非常重要，對你不是那麼重要時。當然，在某些情況下，妥協是必然的，但這不表示你應該穿兩隻不同顏色的鞋子出門，而是當真的找不出完全滿足雙方需求的解決辦法時，那麼採取中間立場對每個人都是最好的結果。例如我們的政治家們能多用一點妥協的方式來推動政務，照顧那些需要幫助的人，並且讓我們遠離第三次世界大戰……這是我個人的想法啦。

我並不是建議如果你偶爾故意採取避免、給人方便，或妥協的策略時，你應該擔心。但是當這些策略成為你的預設衝突模式時，你確實需要擔心。因為避免衝突會影響你和你所負責的人員為這個問題有效提出主張的能力。你厭惡衝突是自然的，但如果你容許自己成為避免衝突的人，它就是有害的了。

摘要

- 厭惡衝突是一種普遍的不安心理，因為它讓人想到「意見分歧」。它肇始於你的幼年時期，並可能一生都跟隨著你。
- 身為人類，我們天生不喜歡衝突，並且演化成與他人和睦相處以策安全。
- 小時候，我們被有影響力的成年人鼓勵要避免衝突，因為持不同意見會被認為是不禮貌的行為。

- 在工作場所，我們被鼓勵要與人和睦相處，那些違反規範的人通常受到嚴厲的批評，並且被貼上「團隊不良分子」的標籤。
- 衝突是健康關係的自然成分，也是抵禦不健康關係的重要防衛。
- 厭惡衝突是正常的，但是不要使它變成避免衝突，這點十分重要。不喜歡衝突不會損害我們，但拒絕衝突會。

第3章

新的衝突心態

我坐在一間《財富》雜誌五百大企業高階主管的辦公室內，這位高階主管的身旁坐了幾位他的支援小組成員。我們正在籌劃一項會議，並由我來協助他旗下的主管。他們希望有真正坦率的會談，認為有一個協調人居中協助會有幫助。我以前和這家企業合作過，他們知道這是我的專長——協助團隊進行危險的會談。

會議開始時，我不由得看看四周的環境。這位高階主管的辦公室摩登而實際，不是沒有巨大的紅木辦公桌那種舊式的排場。相反的，我們圍著一張桌子坐著，看起來非常輕鬆舒適，但私底下沒有一個人是放鬆的。這個支援小組很焦慮，他們需要這次會議能順利進行。

討論開始時十分順利，領導者說明背景，並表達他對這次會議的願景。當我們逐漸深入討論時，乍聽之下一切都很安全，但我對於領導者對其組織的描述感到不安，因為他的描述比我過去參與該組織其他專案時所見的情況更加樂觀。既然我是被邀請來促進坦率的對談，因此我很快便分享我的不同看法。

領導者退縮了一下，但隨後又將話題轉移到其他比較一般的事務上。我意識到我冒犯了他，但不以為意。我安慰（或者欺騙）自己，我的犀利作風就是我的價值。我們繼續開會，最後我以重申領導者的目標並承諾採取後續行動來結束會議。

有趣的是接下來發生的事。顯然，在我眼中一個小小的打嗝，在其他人眼中卻成為一個更大的隱憂——整個支援小組對於這項會談將如何進展十分緊張。他們顯然認為我已冒犯了這位高階主管，而這勢必會造成不良影響。有人竊竊私語會議是否還會繼續進行，或者至少是否和我一起繼續開會。

身為支援小組成員的你，在這種情況下會怎麼做？你的老闆顯然很吃驚，但他什麼也沒說。你不知道他會如何處理這項會談，或它將如何影響你們的計畫。這個顧問因為犯了錯誤而岌岌可危，但她又有點強勢，如果你質疑她的方法，難保她會有什麼反應。你會說些什麼嗎？對誰說？

第一個顯示我的評語可能越軌的線索，來自其中一位專案負責人的電子郵件。他在信中只問了一句話：「你想這會有什麼結果？」（倒吸一口氣）。當人們認為事情進展順利時，很少人會問「你想這會有什麼結果？」他建議我們通電話討論這件事，而這通電話也一樣撲朔迷離。那位專案負責人一開始先講了幾句團隊成員的玩笑話，然後他問我：「那麼，妳想這會有什麼結果？」我頓了一下。顯然，除非我先說我的評估，否則我不會得到任何回饋。他們是希望我自己承認我把事情搞砸了，省得他們無須說出任何尷尬的話嗎？

老實說，這位專案負責人問我這個問題，比那些保持沉默的人對我的幫助更大，至少他的問題是在暗示「我應該有所顧慮」，這比那些什麼都不說的人更有幫助。我後來回答他，這項會議已達到我們想要的目標，但我擔心領導者對我的評語的反應，因為我這樣做並沒有帶動團隊成員坦率發言。直到這通電話結束時，我對實際的狀況和我必須採取什麼不同的做法仍然不太清楚，但我明確知道，從今以後我會更加謹慎。

真正幫助我冷靜下來的是第二天，一位團隊成員私下打電話給我。她腦袋很清晰，也很親切，而且坦率地告訴我，我的行為會如何影響這位高階主管，並也可能會影響這項專案。她一開始就先表明，她希望這項專案能夠成功。她提出她的回饋，指出我的評論可能陷入何種困境，並且和我一起研究下一步應該怎麼做。我非常感激。她告訴我需要聆聽什麼，這不僅讓我有更大的信心繼續執行這個專案，也讓我感受到我有一個很好的盟友。

是什麼使這個專案的團隊成員能有如此不同的表現？我相信他們的行為出自他們個人對衝突所抱持的心態。一個相信衝突是不愉快和不健康的人不會表達任何意見；一個相信衝突重要但令人反感的人會暗示潛在的問題，並希望他們的觀點能夠落實；一個相信衝突會導致更好的了解和更好的結果的人，會就事論事直接提出問題。幸好能在專案早期就處理好這種情況，讓我有機會鼓勵他們對我直言不諱，後來每個人都給了我坦誠的回饋，讓我確信我們一定會成功。

反對衝突案例

如果在不愉快的情況下想擺脫困境，你可以編出很多故事。你還記得那個「討厭的迷你委員會」老在你耳邊嘀咕那些藉口：「不要說任何不好的話」、「那不關你的事」、「萬一她生氣不理你呢？」還有那個唱反調的人：「你不可以說出來，你會被炒魷魚！」只要你聽從它們，你永遠無法解決問題。誰都不想成為卑鄙、多管閒事，或被炒魷魚的人。

解決這些困難情況的唯一方法是如果你能換一種新的心態──接受透過衝突來解決問題，對每個人都有好處。你必須以支持、鼓勵那些勸你做正確的事而不是勸你退出的人，來取代那些反對的聲音。把那個「討厭的迷你委員會」成員一個一個打發出去的時候到了。

有益是新版的友善

我們先從一號委員「老奶奶」開始。我並不是說「老奶奶」鼓勵你對人要友善是錯誤的。我喜歡對人友善，也希望別人對我友善。當我兩手拎著大包小包的東西時有人幫我把門拉開，這是友善的舉動；當你認為我的點子很酷而稱讚我時，這是友善的話；說或做正向積極的事也是好事，問題是當你以友善為藉口而**避免**做或說**建設性**的事時，那麼，你就是以「友善」來避免實際上是「有益」的衝突。

在前述《財富》雜誌五百大企業那個餘波蕩漾的高管會議案例中，我真的相信那些保持沉默、不分享他們的憂慮的人是想要表現友善。他們認為如果對我說出我把事情搞砸了，這是質疑我的能力（或至少質疑我的判斷力）；讓我意識到我在這麼一個重要的客戶面前把事情搞得一團糟，可能會害我心煩意亂；想到我也許會失去這個合約，可能會讓我很緊張，但這絕對不是友善。

但是長遠看來，在那一刻表現友善是無益的。如果沒有人告訴我我的評論對那位高階主管的影響，我也許會在下一次會議中照樣那麼率直。如果不改變我的作風，我也許會發現自己因為不服從而被解雇，這意味著我將失去這個對我而言極為重要的專案。在這種情況下，有益比友善要來得好。

對於你的組織中其他重要任務的衝突問題，也要用這種「有益」或「友善」的篩選方式。想像一下，你是決定哪些專案可以獲得全額補助、哪些專案會被否決，或被迫在資源不足的情況下苦苦掙扎的人之一。你知道每個人都在努力工作，不想打擊他們的士氣，那麼在經過三個月的辛勤工作後忽然喊停，或在他們全心全意投入了九個月之後突然終止這項計畫，這樣做會更好嗎？

我在做論文研究時遇到一個團隊，他們因為別人想要表現「友善」而付出代價。這個團隊花了十四年的漫長時間開發一項新產品，雖然最初是個很好的構想，但後來公司改變策略，這項計畫已不合時宜，這使它無法優先獲得資助。在每一次公司挹注資金的循環中，這個團隊都只得到平淡的回饋和勉強足夠的資金，讓他們綁手綁腳地繼續支撐一年。沒有人有勇氣告訴他們這項計畫前途渺茫。在極需資金以提升產品的情況下，他們選擇一個激進的策略——當公司執行長視察他們的辦公室時，他們攔截他的座車，強力展示他們的產品，你不得不稱讚他們勇氣十足。

不幸的是，這個故事沒有快樂的結局。執行長沒有公告這項新產品，而是終止了這項計畫。那些想要表現友善的人最終導致這個團隊在執行長面前自取其辱，而這絕對不是好事。十四年的辛勞和千百萬美元的投資付諸流水。這個極為龐大的組織最終破產自是意料中的事情。這個案例提醒了我們：以友善為藉口避免衝突，會在財務方面付出高昂的代價。

試想在你的組織中因為友善的表現而付出代價。如果你不想說刻薄話，你將在是否擱置別人辛苦建立的生產線這件事上感到掙扎。如果你只想說友善的話，你不會告訴供應鏈負責人他沒有盡力降低你的成本。如果你不想引發不愉快，你一定不會告訴產品部人員他們的新設計不是你的客戶要的那一種。如果你太關注友善，你會不夠關注有益、有利、創新，或讓你五年後更活躍與突出。

下次你再聽到「老奶奶」告訴你，你想說的那些話不是好話時，問自己：

1. 我要說的話，能讓這個人意識到他最好知道的事嗎？
2. 現在說一些令人不舒服的話，會幫助這個人將來避免更多不利的情況嗎？
3. 現在做一個艱難的決定，從長遠來看會使我們的生意更好嗎？

暫時說一點不舒服的話，從長遠看會使事情變得更好，這是好事。它是一種超越禮貌和保留面子的友善版本，而且更接近仁慈。它是一種你扛起責任，忍受一點點不愉快或尷尬，來協助每一個人更成功的「友善」。

停止袖手旁觀

如果你要開始建設性地解決衝突，我們必須處理的第二個問題是：擔心自己會多管閒事。如同「討厭的迷你委員會」二號委員「老師」的教誨，「管你自己的事」比管別人的事更容易、更安全，也更禮貌。要介入原本可以避免的混亂局面之前最好有個合理的理由。我向你保證，有的。

介入一件看似與你無關的事，最好的理由是它也許就是你的事。讓我們來測試一下，試想一個有破壞性、缺乏效益、不健康的情況。現在回答下列問題：這些相關人員的名片上印的公司名稱相同嗎？他們的行為會影響你的客戶、供應商，或合作夥伴嗎？你試圖忽略的詭計會影響你有效完成工作的能力嗎？如果你對其中任何一個問題的答覆是「是」，我會說這是你的事。

當兩個團隊在如何規劃必須實施的流程上產生歧見時，這是你的事。哪一個計畫優先，哪一個計畫延後，這是你的事。而且不要忘了一些明顯的問題：你的兩個隊友之間無止境地爭吵、有人不斷抱怨新來的接待員、你的老闆傾向給你的同事所有重要的工作——這些都是你的事。任何影響你的工作、你的客戶，或你的組織沒有解決的問題，都是你的事，而且它們可能還是一個你增加自身價值的機會。

雖然你很容易下結論說沒有人請你介入，你即使介入也不會受歡迎，但更重要的問題是它是否有價值。你可以用不同的方式去思考你在目睹衝突債發生時所扮演的角色。如果你的兩個或兩個以上的同事發生衝突，他們可能無法擺脫困境，或至少不會快速解決，讓各方都深陷其中，只能從他們自己偏頗的角度看待這個情況。討論失去理性，變得高度情緒化，一旦到了這個地步，如果沒有外來的協助，衝突不太可能解決。這時你這個旁觀者就可以提供非常重要的東西：更多的客觀性和更大的情緒距離。你會比那些深陷其中的人更容易看到潛在的解決辦法。比起意見分歧的各方，你擁有更多找出解決方案的有利觀點。

我記得有個團隊就是這樣。它是食品業的一個執行團隊，由一個名叫麥特的敏銳而犀利的人領導。我說「敏銳而犀利」，是指他既聰明又善於溝通。你不會想和麥特爭辯，但他似乎總是看人不順眼。在一次每週例行的管理會議上，麥特找上銷售主管史帝夫，開始挑他的毛病。他提出一連串質問史帝夫有關銷售數字的問題，逼他提出合理的解釋，卻又不給他一點插嘴的餘地。麥特想知道為什麼某些產品的銷售數字下降了，他針對特定的產品，提出讓他擔憂的數字。史帝夫遇到麻煩了，無論他用什麼方法都不能安撫麥特。如果他退縮，承認他不知道為什麼銷售數字下降，勢必激起更多憤怒。因為麥特痛恨懦弱和缺乏責任感，所以如果史帝夫繼續為自己辯護，勢必延長他與他的老闆之間的拉鋸戰。

這時擁有健康衝突觀念的「衝突大師」羅素登場了。他一直在聆聽和旁觀，等待適當的時機來化解這場爭論。羅素雖然屬於營運部門，但他是個精明的商人，不但跟得上他們的對話，並且看出麥特邏輯上的漏洞。他不等雙方情緒緩和下來便冷靜地對麥特輕聲說：「看樣子傳統產品銷量衰退，可能與上週一部分銷量轉向有機選項有關。」每個人聽了都抬起了頭。羅素知道他不必解決這個問題，他只需提供一條前進的道路。「史帝夫，能不能找到更多資訊，了解這究竟是因為我們的有機促銷宣傳導致的一時問題，還是是實際的趨勢？」情勢立即改變，彷彿領導者目光短淺地專注在他憤怒的目標上，以致他看不到會議桌上還有數十對注視著自己的眼睛。羅素的提議使麥特不再緊咬著史帝夫不放。現在的對談是針對理解而不是指責，是關於下一步應該怎麼做，而不是質疑已經發生的事。它不再是衝突，而是解決問題。羅素大可和會議桌上的其他同僚一樣袖手旁觀，但他的及時介入使對談朝更有成果的方向發展，也讓史帝夫可以喘口氣，好好回答麥特的挑戰。

羅素所做的並非一般的舉動。我們人類的第一個本能是保護自己，並非不顧一切地迎向危險。如果你的團隊之間的衝突開始出現更惡劣的語氣，你要想到你有義務挺身而出。當我想到 #MeToo 運動以及哈維・溫斯頓、比爾・歐萊利，或凱文・

史派西這些人如何濫用權力時，最讓我感到難過的是那些見證人的角色。可悲的是，我一點也不驚訝這個世上有邪惡的人在濫用他們的權力。我能理解為什麼那些受到傷害和被犧牲的人保持沉默，但是想到有權有勢的人在掠奪弱勢者之際，那些助理、人力資源專家和理事會成員都只是懶洋洋地坐在一旁袖手旁觀，這讓我深感悲哀。

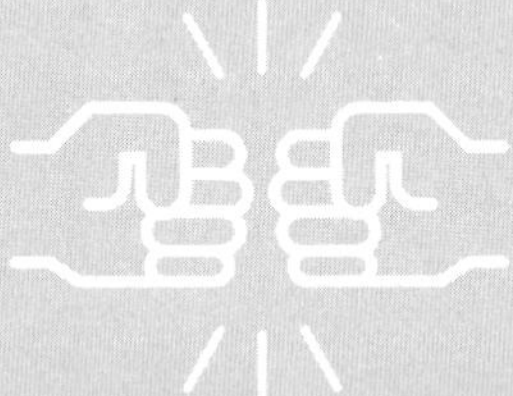

拒絕當一個旁觀者——
無論是微小的爭執，
或是嚴重的不公不義，
都能使組織變得更好。

下一次你再聽到「老師」的聲音在你的腦子裡小聲告訴你「管好你自己的事」時，請回答這些問題：

1. 我的介入有助於平衡一個權力差距的情勢嗎？
2. 我可以利用我的信譽或影響力去改善這個情勢嗎？
3. 我對這個問題的看法有助於找出可能的解決方案嗎？

願意介入一個和你沒有直接關係的混亂局面需要勇氣。你必須先想到一般教戰法則以外的情況，並了解一個傳統上是旁觀者的人在衝突中所要扮演的角色。介入衝突並不表示你越權，它意味著你對你的團隊和組織的成功有一種更大的責任感。如果你願意拒絕當一個旁觀者，無論是微小的爭執或嚴重的不公不義，都能使你的組織變得更好。

解決情緒

我們必須打發出去的「討厭的迷你委員會」三號委員，是那個害怕情緒爆發的人。如果你是一個會踮起腳尖悄悄走開以免激怒他人的人，你怎麼可能主動解決衝突？這些情緒型的人已將你扣為人質。不要被愚弄，以為避免衝突就能減少重大事件發生，事實不然。如果表面下仍存在挫折、憤怒、悲傷、內疚或嫉妒，在它們沒有被發掘和解決之前，這些情緒仍然會一直默默地影響你的團隊和你的組織。通往衝突的另一邊最快的方式是直接穿過情緒，而不是繞過它們。

以一家全球高科技產品公司的高管莫妮卡為例，我協助莫妮卡和她的五個男性同事（包括她的老闆：公司的執行長）舉行一項會議。我們進入非常正常的策略討論，不料莫妮卡卻哭了起來。男士們坐在椅子上侷促不安地扭動，垂下眼睛，希望我會**處理它**。你聘請顧問不就是為了解決這種混亂的局面？

倒帶十分鐘。在此之前我們正在討論公司的成長和他們的計畫。所有討論都集中在一些新收購的小型事業單位，不是莫妮卡領導的那個大規模的成熟部門。當她的一個同事請她權衡這個策略時，莫妮卡終於有機會發言，她的同事給了她機會讓她表達她的憤怒：「我的事業單位是漢斯的四倍大，負責更大比例的公司盈利，但我的團隊幾乎沒有得到你們的關注。研發資金大部分都給了漢斯，更別提新收購的三個單位也歸他管理，這叫我如何告訴我的團隊？」莫妮卡一直在談論她的團隊需要什麼來維持成長，但沒有人聽她的。大部分時候她會保持冷靜和禮貌地詢問，但現在她筋疲力盡了，無法飛到世界各地去探訪客戶。當她的隊友詢問她需要什麼時，她的淚水再也忍不住地流下。

我們沒有停止會議，我們甚至沒有暫時休會，因為沒有人啟動警報。我只對莫妮卡簡單地說：「好的，這很重要。」我鼓勵她的隊友冷靜、理性、友善地問幾個問題來解決這個沒有解決的問題。我們將莫妮卡的情緒和她的價值視為另一項資訊，和任何一個我們可能討論的事實或資訊一樣有效與重要。莫妮卡讓自己盡可能地放鬆，後來總算克服了情緒。眼淚沒有持續太久，她很快又恢復我們都習慣的那個一板一眼、務實、強硬的高級主管。

結果證明，團隊願意探討莫妮卡的感受是一件可能發生的最好的事。執行長在整個團隊面前坦承，他一直在這個吸引人的新單位進行危險的過度投資，卻使埋單的舊部門挨餓。整個團隊討論了他們如何長期對莫妮卡的請求充耳不聞，以及下次要如何盡快提出問題。情緒確實發揮了它的作用：它向每一個人發出信號，顯示真正重要的事正在事情表面下發生。

艾力克斯・潘特蘭（Alex Pentland）和他在麻省理工學院的研究團隊做了一項傑出的研究，探討了數百個變數以觀察實際預測團隊表現的因素。結果顯示，諸多最重要的成功預測因素之一是：個人是否能適應他們隊友的情緒狀態。團隊的集體

情緒智商能預測成功與否，它們的集體**認知智商**則不能。我們過去一貫認為情緒敏感的人是連鎖中最薄弱的一環，但這項研究告訴我們，他們或許正是最強勁的一環。

如果你仍在努力觀察情緒如何在辦公室內占有一席之地，也許這種思維架構會有幫助。我發現思維不愉快的情緒，和思維痛苦一樣有用。從長遠看，兩者對你來說都不是好事，但它們都有個相同的目的，就是引起你對潛在問題的關注。表露情緒的價值是它能幫助你確認衝突存在，並提供你衝突來源的線索。兩者都有極大的價值。如果不顯示情緒上的阻力，你會有聽任情緒逐漸沸騰、拖延決策、對行動構成威脅的風險。如果不加以處理，它可能造成更大的損害。

當你聽到你的腦海裡的聲音在譴責你激怒某個人時，問自己這幾個問題：

1. 如果有沒有被處理或解決的問題，我們能有效地前進嗎？
2. 無論對談可能會變得多麼不愉快，這是一個必須討論的重要問題嗎？
3. 如果我了解人們對這個問題的想法和感受，情況對我會比較有利嗎？

現在應該停止把辦公室的情緒化表現視為不當的舉動了。不要為了怕觸發憤怒或眼淚而逃避衝突。過去一些舊的禮節與職業風度已不再適合你，一旦你接受情緒永遠是人類工作的一部分時，你會發現表露情緒比任由情緒暗中破壞你想完成的一切要來得好。

和老闆意見相左

「討厭的迷你委員會」四號委員「親愛的老爸」——不斷告誡我們要守規矩，遠離麻煩。成年以後，**麻煩**意味著被公司開除。很少有哪一個星期沒有人對我說，聽我的勸告把問題說出來會使他們丟掉飯碗。根據我多年來與各種階層的管理者合作的經驗，我相信這個憂慮已被嚴重誇大，但這種沒有事實根據的恐懼仍然有它的影響力。如果你要對當權者說出真話，你必須先有遠見，明白有效益的衝突會使你成為有價值的員工，而不是「前員工」。

一個曾與我共事的主管便在想像他與老闆的衝突會有正向結果這點上感到困難。我當時協助他們和一家食品連鎖店的董事與副總裁開會。他們的幾個老闆（執行團隊）希望他們挺身而出承擔更多公司的日常管理工作，讓老闆們可以有更多時間專注在策略上。於是我開始聽到他們在房間內抱怨，同時意識到這些主管並不買帳。當然，那幾個老闆宣稱他們不會管太多，但他們言行不一致——他們會說一套，做一套。

其中一個主管皮耶向我舉了一個例子：「職務描述顯示向我報告的品類經理（category manager）會負責決定價格，但就在這個禮拜，其中一位老闆否決了我的品類經理，擅自更改一項產品的價格。」對皮耶而言，這不僅對那位品類經理不公平，也使他深深感到尷尬與羞辱。我建議他向老闆提出這個問題，他看著我的眼睛，說：「是喔，我最好再把我的履歷表找出來重新整理一下。」

我不認為他真的這樣想，他只是感到沮喪。而且我猜他會因為即使自己不贊成那位老闆，卻又無法成為下屬的後盾而感到窩囊。他無法想像如何以不會引發強烈反應的方式向他的老闆提出這個問題。於是我們就如何和老闆進行艱難的對談想出了幾個點子。

（一）把你要說的話聚焦在與業務相關的事物上。在這種情況下，我們知道老闆們已公開表示希望各級主管能多多承擔，他們才能少花一點時間在日常事務上，多一些時間來研擬對抗亞馬遜的策略。在你們的討論中提出業務問題，顯示這個問題的重要程度足以讓人感到有點不舒服。皮耶必須提到領導力專案，以及他和他的同事如何被要求多承擔一些工作。

（二）堅持事實，不要判斷，而是客觀地陳述行為與結果，使你的語言精確無誤。那種**感覺**也許像老闆在你的下屬面前羞辱你，但那不是你要提出的重點。皮耶不需要說任何比「您更改了價格」更激烈的話。沒有必要用例如「您否決我的決定」這類煽動性的語言。

（三）引述公司的價值觀或原則來陳述你的意見，使討論合乎每個人都同意的原則。皮耶可以在解釋為什麼他認為這個問題很重要時提到公司的誠信價值。

（四）不要太放肆。和老闆意見相左時你**不能**趁機擺出強硬的姿態，也不該斷言或下最後通牒。多一些詢問、少一些陳述來引發老闆的好奇。這樣一來，萬一你的老闆真的不喜歡你所說的，你還有改弦易轍的餘地。

我建議用以下措辭（為了保護無辜者，人名已經更改）：「我聽說您認為我們的全麥麵粉標價錯誤，所以您讓潘妮更改價格。我擔心這樣做會否定潘妮所訂的價格。我知道您試圖讓每個人提升能力，這對潘妮是一個很好的學習經驗。您願意這次先暫時觀望一陣子嗎？」

皮耶的老闆正努力使自己有不同的表現，於是他接受了皮耶的建議。我知道不是所有的老闆會如此正面回應。試想，如果這位老闆大發雷霆說：「這和全麥麵粉無關，皮耶！這關乎我們的利潤，以及我們是否還能希望公司在兩年後仍繼續存在！你難道不明白嗎?!」這時候你再提出請求。你可以回答：「我很抱歉，我太專注於潘妮的發展機會，以致對品牌與利潤的影響考慮不夠周詳。我明白了，我會向潘妮解釋為什麼更改價格是正確的。」

向老闆展示你在聆聽他說的話，顯示你重視你的工作，所以願意說一些不舒服的話。其次，在老闆回答「不」的時候你願意服從權威，有助於你在大多數管理階層的眼中提高你的價值。你必須明智地選擇你的立場，特別是問題牽涉到公司的最大利益時，謹慎地提出關鍵話題會比讓問題懸而未決更好。

有很多很好的事例顯示和老闆發生衝突是值得的。如果你的老闆沒有明確表達他對你的期望，那麼詢問他並了解優先事項十分重要。如果你的工作量太大，你無法處理，最好提出來討論，不要一個人默默地掙扎。如果你發現你和一位同事所接到的指示有所衝突，你必須問清楚老闆真正的期望是什麼。在上述的每一個案例中，和你的老闆進行一次不舒服的對談，都能減輕日後發生更不愉快的衝突的可能性。如果你不解決這些問題，你可能會先處理次要的工作，最重要的工作反而沒有完成。如果你不說出你無法承擔那麼多工作量，你就要冒失敗的風險並承擔後果。如果你與共事的同事不合，當未來兩人無法配合的情況曝光時，你可能面對老闆大發雷霆。不是每一個問題都值得你去挑戰你的老闆，但現在這些和其他一些輕微的不舒服，可以省去將來更大的災難。

如果你再聽到提醒的聲音叫你要努力工作，遠離麻煩，你可以問自己以下這些問題：

1. 我有必要做不同於老闆指示要成功的事嗎？
2. 現在提出這個問題會使我將來面對負面結果的可能性減低嗎？
3. 我的同事們會感激我有勇氣提出這個問題嗎？

我記得我曾告訴一家國際銀行的執行長，他的員工因為怕被解雇而不敢對他說實話。他大惑不解，不斷問我：「誰？誰曾經因為問一個艱難的問題而被解雇？」他渴望指出，在他眼中失去信譽的人是那些迴避難題的人，而不是提出難題的人。

現在是決定哪些問題值得冒險的時候了。與上級發生衝突時要謹慎行事，先扣緊業務問題，然後以詢問的方式為自己留退路，必要時退讓。但你會驚訝地發現，無論現在或未來，你堅持信念的勇氣與意願，將會得到同儕與上司的注意，並獲得他們的回報。雖然挑戰現狀可能要付出代價，但不採取行動的代價會更高。

新的心態

你的組織充滿需要積極處理和解決的問題，問題解決了才能有效推動業務。如果忽視、拖延或掩飾問題，為衝突債付出的代價就會升高。我知道陷入衝突是棘手的，這是為什麼你對衝突必須抱持一種新的心態，不要將有效益的衝突視為卑劣、令人不安或有風險，你必須將它視為一個心存善意、樂於助人，以及為你的組織增加價值的機會——這種心態將為你和你的公司帶來長久的利益。

但我要先提出警告，每當我發表一篇對衝突採取建設性心態的相關文章時，總是會接到奇怪的評論，說我的方法「太具操控性、自大，要不然就是容易被識破和無效的」。如果你也有同感，我想你早已把這本書拿去搭你的倉鼠籠了，但為了以防萬一，且讓我把話說清楚。本書中所有有效益的衝突策略，都是以你希望衝突會有效益的假設為基礎。如果你只想贏，或主宰一切，或硬要把你的想法塞進別人的喉嚨裡，無論你的事業或你的人際關係將付出任何代價，那麼，本書所談的技術不適合你。

有效益的衝突心態依據的理念是：事實不是只有一個版本。它是由一種真誠的信念支持，相信多樣性的想法能帶來更好的結果。它來自一種假設（已在研究中得到證實）：開會集思廣益，不僅能做出更高品質的決策，還可以更有效地貫徹執行。

你將在接下來的章節中讀到一些有效益的衝突技術，但是不要以為有益的衝突心態是自然生成，甚至是容易的。如同我在第二章所討論的，對衝突抱持開放的心態，和我們的本能及我們所受的教養是背道而馳的，至少在短期內是如此。但最終，它正是增強你的事業和你的人際關係所不可或缺的心態。

摘要

- 要克服避免衝突需要一種新的心態，我們必須排除內在的反對聲音，將注意力集中在解決衝突之後能得到的積極結果。
- 當下或許會覺得傳遞艱難的訊息不好，但從長遠看，告訴某人他們需要聆聽什麼，往往是我們可以做的最友善的事。

- 不要對衝突袖手旁觀，要積極協助那些激烈爭吵的人更客觀地解決他們的問題。
- 不要害怕情緒，要將它視為一個珍貴的線索，它會顯示有什麼重要的事情是錯的。爭執發生時，冷靜而友善地把這個人帶出去，協助他調整情緒底層的問題。
- 提出與老闆不同的意見，多增加一個不同的觀點，有助於做出更好的決策。謹慎而恭敬地表達你的意見，必要時留一條退路。

Part 2

衝突密碼

THE CONFLICT CODE

引言

在第一章中，我分享了有效益的衝突對組織的重要性。當你看到制訂策略、分配資源，以及排定優先事項時，都往往需要借助衝突。你學到如果避免了這些衝突，就會形成衝突債，阻礙組織的進步，同時以挫折、懈怠和疲憊的方式付出慘痛的代價。我讓你開始準備逐步解決衝突，以避免再度陷入衝突債。

在第二章中，我承認在衝突出現時立即解決，說時容易做時難。人類天生具備連結性，我們不願意威脅同一部落的族人。我還帶你走進內存記憶，協助你回憶你的父母、祖父母、老師和教練如何鼓勵你要做個好人，與人和睦相處，導致你更厭惡衝突。當你進入職場時，你會看到這些訊息是怎麼進一步地增強。我也提醒你，不要讓你對衝突的厭惡變成完全迴避衝突。

在第三章中，我舉例反對避免衝突，並指出你腦海裡的這些聲音可能對你造成損害。我告訴你幾個在它們的遊戲中擊敗它們的方法。我主張衝突在當下也許給人的感覺不好，但是從長遠看，它是一個更友善且更有效益的方法。我指出和別人的紛爭保持距離也許比較容易，但你袖手旁觀組織功能失調反而會使它一直持續下去。我鼓勵你不要畏懼情緒爆發，要開始將它們視為珍貴的線索，知道有什麼重要的事是錯誤的。我要求大家克服怕被公司解雇的恐懼，開始將那個引發衝突的人視為珍貴的，不是可有可無的。這些觀念將有助於你培養對衝突的正向心態。

在接下來的 part 2 裡，我們將焦點放在你如何防止大多數衝突，使衝突變得更有效益，並降低對衝突的厭惡感。你將學習如何主動和你的同事建立溝通管道與信任。接下來，你將看到可用來建立強大連結的技術，將你的對手變成盟友。最後，你將獲得實用的策略，透過溝通、交流與貢獻，扭轉對立的衝突，積極開發解決方案。

第4章 建立溝通管道

你的每週例行團隊會議只剩下三分鐘就結束了，你的隊友都在收拾東西。你的主管要求每個人安靜，他要宣布一件事。他告訴你們，公司打算推出糕餅義賣活動，為本地一所醫院募款。**真的嗎？**你心想，**我還不夠忙嗎？**他沒有詳述細節，只是告訴你們他接到他的老闆的電子郵件，指示各部門都要參與，他需要志願者。你面帶微笑，並自願負責烘焙糕點。

你絞盡腦汁思索該製作什麼糕點，最後選定你最愛的胡蘿蔔馬芬，你每次烘焙這款馬芬都會贏得朋友的齊聲讚美。義賣當天，你端著一盤美味的、金黃鬆脆的馬芬進入餐廳，內心為你的手作糕點深感驕傲，一邊不屑地斜眼看著約翰手上拿著一盒從店裡買來的撒上糖粉的甜甜圈。但你的老闆只看了一眼你手中的馬芬，便厭惡地皺著眉頭說：「馬芬太無趣了！誰會在義賣活動中買胡蘿蔔馬芬?!」你不敢相信你真的因為製作了不受歡迎的糕餅去參加義賣，而公然遭到斥責。你無力地回答：「可是你沒說要有趣，你只說要烘焙糕餅來參加義賣活動。」接著你的老闆走向販賣機，買了一包 M&M’s 巧克力回來，「我來修改一下！」於是他將巧克力豆塞進你的漂亮的馬芬中。真是枉費你的一番苦心！

我知道糕餅義賣是個愚蠢的例子，但我經常在組織中看到這種模式。你的經理匆匆忙忙交代粗略的指示，你盡全力去做，然後你發現，你的作品不是你的上司想要的。你被迫修改，甚至放棄最初的作品，以致前功盡棄。最令人沮喪的是，這個糕餅義賣衝突，和其他許多衝突一樣，完全是可以預測和避免的。

提早進行

如果你沒有和你的老闆建立有效的溝通管道，信任會消失，之後便會陷入衝突。但你可以透過主動投入積極、清晰和透明的討論，從一開始就增強雙方的互信來消除大多數衝突。有效的溝通是衝突的關鍵密碼，你的努力將會得到更多的配合與信心。思考一下，你如何才能和組織中的管理者、團隊隊友、下屬及同事建立強而有力的對談？投入一點時間先和這些利益相關者取得共識，可以避免日後發生重大的衝突。

和你的上司溝通

你最需要建立溝通管道的人顯然是你的經理。和你的上司進行開放與坦率的討論，能大幅度減少你不得不忍受的衝突，並且可以大幅度降低任何無法避免的衝突所帶來的不愉快。我知道有些人不敢對他們的經理提出太多問題，但記住，你的上司的工作是協助你成功，所以不要怯於請求上司給你有效的指導。

預防自己和上司發生衝突的第一個、也是最簡單的方法是：你在開始執行任何任務之前先釐清他想要什麼。不幸的是，許多人在埋首工作之前很少停下來確認上司的期望。你是否也是這樣？你是否也接到模稜兩可的指示，然後一邊掙扎一邊希望你走在正確的軌道上？也許這是因為你想表現你有能力，或者，也許你認為承認你沒聽懂最初的指示是一件很糗的事。我告訴你什麼才叫真的出糗：假裝一切都沒問題，然後交出低劣的作品。你的上司會不知道他該懷疑的是你的聽力、你的動機，還是你的能力。你可以在開始工作之前**先**解決可能的誤差，以避免不必要的衝突。

在這個糕餅義賣的案例中，你可以問以下這些問題來避免整個衝突：「這是哪一種糕餅義賣活動？哪些品項比較適合？」這樣就可以從你的上司口中得知他想要「有趣」的糕點。接著，選好食譜後，你可以再回頭檢視，確認你的方向是正確的，然後才投入任何時間或資源。「我在考慮做胡蘿蔔和櫛瓜馬芬，它們色彩豐富而有趣，您覺得如何？」當然，你可能會因為你的素食版「有趣」而被你的上司譏笑，但至少可以避免你的馬芬被塞入 M&M's 巧克力的恥辱。

不幸的是，大多數組織的狂熱腳步可能使你的上司改變計畫。我看到許多管理者以為縮短計畫會使他們更快抵達終點。諷刺的是，改變計畫不但不能使事情加速完成，反而導致花更多時間在校訂和修改上，最終延後交出成果。

速度減慢不是倉促計畫的唯一不良後果。沒有清晰地傳達期望，也會在事後檢討工作時引發人與人之間的衝突。因為在事後才知道你的工作沒有達成目標，會削弱信任和打擊士氣，你的上司會因為你無法如期交付而發脾氣，你則因為你的上司沒有把話說清楚而生氣。

展開一項計畫時避免形成衝突債的方法是：一開始就要先建立溝通管道。如果你不清楚上司對你的期望就不要繼續做下去；反之，你要先詢問，了解上司的要求，確認怎樣才是把工作做好。譬如，你可以問：「這個計畫來自哪裡？」、「他們要的是什麼？」、「其中最重要的是什麼？」以及「您要的是什麼樣的成品？」等你開始工作後，還要不時檢查以確認你是在正確的軌道上。如果你分享你的食譜，讓你的上司先試嘗麵糊的味道再去烘烤，你會為自己節省許多時間、精力和痛苦。

和你的隊友溝通

你和隊友之間的緊張關係不像你和上司那麼明顯，這使你更不容易說出你的期望——這是點燃衝突的一大因素。我知道你不想成為那種「頤指氣使先生或小姐」，我也不建議你開始對你的隊友發號施令。重要的是你們已取得共識，確認誰在做什麼工作，以及你們的工作如何交集。

當角色與責任不明確時，不信任很快會悄然出現。當職責重疊時，它的風險是你會覺得彷彿你的隊友在多管閒事。而當責任歸屬出現落差時，你會發現只要掉了球就會有人出來指責。不要讓你的團隊一頭栽進這些問題中；反之，要仔細審查任務的每一面，確認每個人都清楚誰在做什麼。在無可避免地共同承擔責任的情況下，討論每一個人將為這項任務帶來的獨特價值。

重要的是，不僅要和你的團隊成員分享期望，還要管理期望。當工作量越來越繁重時，你可能無法按時交付你所希望的高品質產品。這時和你的隊友協商工作量問題便顯得十分重要，這樣才不會使他們失望。你可以以詢問的方式做討論，例如：「我很忙，我也知道你在等我協助你製作簡報，如果我今天給你一小時時間，你最需要我做什麼？」如果你覺得你可能無法實現承諾，你要提醒你的隊友，請他們另外想辦法。你可以試著這樣說：「我想我可能無法在星期五以前給你那張試算表，我們可以另外想辦法嗎？免得你等太久。」這兩個例子都需要你提早進行一次有點不舒服的對談，以防日後發生真正不愉快的衝突。

團隊之間的溝通

和你的上司及你的團隊結盟防止衝突，相對來說比較容易，因為你們同屬一個團隊，並且朝著共同的目標努力。你們也許會有很多機會互動，彼此建立互信。但是當你要和其他團隊的人合作時，你會遇到更多挑戰，因為你們沒有已建立好的關係，或建立這些關係的好機會。管理理論學家莫頓・韓森（Morten Hansen）對五千名勞工進行一項為期五年的研究，發現百分之四十六的人覺得他們的組織間的合作缺乏信任。缺少互信，就會很難建立共同的目標和期望，而且更難建立有效的合作。被認為非常善於培養信任的人，比那些不被認為會建立互信的人的表現更好。盡可能在需要**之前**建立一條溝通管道，不要犯下等你需要別人的協助時才採取行動的錯誤。

在需要之前先建立一條溝通管道──「不要臨渴掘井。」

我知道，這是個令人為難的請求。你處理大量的工作，在你需要另一個部門的人來協助你完成工作之前埋頭苦幹，這是可以理解的。現在試想：你遲遲不與人溝通，直到你極需某個東西，結果如何？你沒有時間去建立關係或展現善意，你只是一頭栽進手上的工作。「嗨，我叫鮑伯，我需要一份新網站瀏覽數量的資料。」你的同事不知道這個要求從何而來。「喔，你說你是哪個部門？」你突然冒出來，一開口就索求你需要的東西，絲毫不關心他的工作量或優先待辦事項多寡。這時你可能已觸動他的警鈴，心想「你這個自私的混蛋」。如果你再多說一句：「嘿，這件事超緊急的，今天可以給我嗎？」只會增加摩擦。如果你等到需要某個東西才去找人聯繫，你就是在為自己製造衝突。你要在你需要之前努力建立一條溝通管道，如同俗話所說：「不要臨渴掘井。」

建立信任

無論是你的老闆、你的團隊隊友，或你的組織內的其他同事，主動與他們建立信任十分重要。如果你得到某個人的信任，他會更傾向以有利於你的方式解讀你的行為，而且你會發現在棘手的情況下，你可以從對方的疑慮中，得到比較有利於自己的考量。和信任你的人一起解決不舒服的情況可以減少對立的感覺，也比較不會演變成衝突。

信任不是瞬間建立的，因此明智的做法是主動和你共事的人建立信任。你可以在四個不同的層面上建立你的可信度。首先，你可以建立**關係**（connection），讓你的同事知道有你這個人，並給予你信任。第二，你可以贏得**信譽**（credibility），這樣他們會給你自主權讓你完成你的工作，不會動不動就質疑你。第三，你可以證明你的**可靠性**（reliability），這樣就不會得到微觀管理（micromanagement）。最後，你可以逐步展現你的**誠信**（integrity），這樣你周圍的人會對你坦誠，並且容易受你的影響，不會防備你與抗拒你。如果你努力去做，假以時日，這四種信任都能建立起來。

一、建立關係

在最基本的層面上，信任和可預測性有關。熟知你的人幾乎不會去注意你的行為；甚至你的怪異特質也會變得稀鬆平常，因為他們見怪不怪。當你和一個你不熟悉的人互動時，他們比較會去注意你的行為，也比較會將這些特質解讀為威脅。這是因為人的大腦天生會去注意不同的與新奇的東西，特別是可能對他們構成威脅的東西。除非你和你的同事建立關係，否則他們可能將你視為外團體（out-groups）的人而防備你。

有一次，我有三十分鐘的時間和一群主管建立這種關係。當時我正在協助兩家大保險公司合併，並為聯合執行團隊策劃第一次會議。其中一位主管對我說，他對成功的定義是「消除**我們**與**他們**」的思維方式。身為心理學家，我不得不告訴他，沒有辦法避免內團體（in-groups）與外團體（out-groups）之分，因為這是人類的自然心態。我告訴他，我能做的是協助每個人看到有很多種「我們」與「他們」的思維方式。

會議開始時，我在會議室內放置兩個活動掛圖，房間的兩個角落各擺一個。兩個掛圖上都各有一張貼上標籤的紙，一個掛圖上寫的是舊公司名稱，另一個掛圖則是寫著另一家公司的名稱。我請每個人站在他們以前的公司名稱旁邊，然後我針對「我們」和「他們」的權力區分說了幾句話，例如「這是你們的部落」……等等。接著，我請他們撕開那張標籤，露出底下的第二張標籤。其中一張是「業務主管」另一張是「公司職能主管」，然後我又請他們站在符合他們群組的標籤旁，現在每個群組有一半的主管都移到另一個掛圖旁，而兩家公司的財務、人力資源和行銷主管都站在一起，瞪著核保與索賠部門主管。雖然這家舊公司是個力量強大的內團體，我們很快發現若以職能與業務來分類，它也是個力量強大的內團體。「你們只是開銷。」其中一個狂妄的業務主管打趣道。「好樣的。」從另一家公司過來的一個新同事說，然後他們兩人互相擊掌。成功了！我們已建立一個新的公司的內團體。我們繼續撕開一系列標籤，有些是嚴肅的，和業務有關（會計與非會計），有些是好玩的（比較喜歡吃烤馬鈴薯或炸薯條）。練習結束時，每個人已和房間內的其他人在同一個內團體，突然間，每個人都有了更緊密的連結。

你不必做這個練習也能瓦解你在組織中的孤立心態，只要花點時間去認識可能和你合作的人。先從小動作開始，譬如開會時找一個你不認識的人在他旁邊坐下，然後自我介紹。等開完會收拾東西離開會議室時，你再花幾秒鐘去認識那個人。你可以說：「我們以前好像沒有遇到過，你在工程部多久了？」慢慢地，透過找機會分享訊息和詢問來加深關係。一旦時機合適，你就可以尋求他的協助。「我正在設計一項新產品，很樂意得到小組以外的意見，我可以寄給你看嗎？」一旦這個人幫助你，你們會立即感覺到你們的關係更緊密。目標是讓你的同事感受到你的為人，並視你為隊友。你要成為一個「已知量」（一個被了解和被認可的人）才能融入內團體，而不會被貶到無名的、生面孔的外團體。你要成為一個「我們」，不要成為一個「他們」。

二、贏得信譽

一旦建立關係，建立信任的下一步是贏得你的信譽。沒有信譽，你的經理、你的團隊隊友和你的同事不會對你產生信心。我敢打賭，如果你必須依賴一個你不認識的人來實現目標，你肯定會很焦慮。如果你的同事依賴你，但他們不相信你的能力，你會看到種種不正常的行為出現。你可能會看到一些無聊的舉動，從一個同事老是傻呼呼地在你身邊徘徊，到坐在那裡不動、完全不理會最後的產品。前者會導致攻擊型衝突，後者會導致各種被動攻擊型衝突，這兩種對你都沒有好處。如果你擔心因為你的能力問題而引發衝突，最好的解藥是主動建立你的信譽。

你也許會想，**在我實際做一件事之前如何獲得信譽？我以往的紀錄不可信嗎？**可以的，但……甚至在你交出成果之前，仍有兩種方式可以讓人們相信你的能力。首先，你可以先分享你對相關問題的想法。「我上週參加一項會議，對如何更有效地管理我們的計畫有一些新的想法。我先去拿杯咖啡再來告訴你。」你還沒有真正做任何事，但你已先顯示你投入這件工作。如果你的同事喜歡你所說的內容，你會繼續贏得他們的信任。

你不一定會在第一時間就做到位，如果你的同事不喜歡你的點子，讓他們對你產生信心的第二種方式是徵求他們的意見。我知道這聽起來像開倒車，但人類有點奇怪，當我們認為人們喜歡我們時，我們會更重視他們的想法。所以，要對你的同事展現你重視他們的觀點。「我想聽聽你對這件事的看法。」只要有人想聽他的意見，這個人就會增加他對你的信任。如果你想建立信任，從人們對你的疑慮中得到好處，並避免不必要的衝突，那麼投入心力贏得同事對你的信任極端重要。

三、證明可靠性

建立基本的關係與信譽之後，你可以藉由證明你的可靠性來增強同事對你的信任。即使你是世上最能幹的人，如果你不能滿足同事對你的期望，信任感也會瞬間消失。我想你不會故意犯錯，但如果你交出成果的時間比同事期待的更晚，或者和他們期待的不一樣，你會被貼上不可靠的標籤。這和同事對你失去信心的反應相似，如果他們擔心你不可靠，可能會引來令人煩躁的監督和令人厭煩的干預。

要證明可靠性，先要確認你們對彼此的期望看法一致。甚至在開始工作之前，為了增強你的可靠性，你要多花一點時間闡明你的工作方式和時間。「我在團隊內的角色是為大會找到贊助廠商。你們希望我在五月底以前找到三家廠商贊助五萬美元，是嗎？」不要等到最後期限即將屆滿才溝通。記住，與其說**你是可靠的**，不如說**你被認為是可靠的**。主動分享更新和里程碑，保持同事對你的信心。「現在才第二週，我已經找到第一個贊助廠商了，他們贊助二萬五千美元，我們已在正確的軌道上。」這將有助於你的隊友安心，相信你會如期完成任務。

與直覺相反，如果你想被視為可靠的人，你同時也應該分享你的錯誤與失敗，不要只是分享你的成功，這樣可以讓你的同事覺得他們得到的是確確實實的消息而增加對你的信任。如果你面臨無法交出成果的危險，**不要**隱瞞事實然後希望自己能想出解決辦法。相反的，你要提醒你的隊友注意問題，讓他們和你一起抉擇對策。最不可靠的人是那些隱瞞困境，又不留任何空間讓他們的同事為偶發事件研商對策的人。證明可靠性需要坦誠溝通，即使它會讓你感到不舒服。

四、逐步展現你的誠信

最後，最深刻的層面是相信你的誠信。當你的同事確信你為人處事誠實、正直、透明，並且為你們的共同利益著想時，你就能鞏固他們對你的信任。我知道你明白誠信有多麼重要，但你會去注意你的同事對你的看法嗎？即便在你處於極限狀態的時候？在困難時刻毀掉你的誠信聲譽很容易，你每一次責怪他人或推諉責任，你在你同事的眼中就矮了一吋。如果你說一套，做的又是另一套，人們就會對你失去信心。如果你們在一起時你假裝支持或甚至保持沉默，卻又在你的同事背後抱怨或批評，你的聲譽將會受損，而且難以修復。你要讓你的同事將你視為一個高度誠信正直的人。

破壞自己的誠信比積極增強誠信更容易，但被人視為一個品格良好的人有幾個秘訣。首先，你要坦誠，尤其是說令人不太舒服的話時。你要讓你的同事知道，他們可以期待你告訴他們必須聽到的事。「我希望你從我這裡聽到這件事，蓋瑞擔心你的報告涵蓋的研究不足，他打算在今天下午的會議中提出這件事。」第二，對自己內心的掙扎與擔憂要坦白承認：「我正在進行這項計畫，但我擔心我在供應鏈方面沒有足夠的經驗，你能不能給我一些建議，告訴我應該從什麼角度切入？」最後，要迅速承認錯誤：「我在那次會議上一直在為自己辯解，這對我們的專案十分不利，我很抱歉。我打算這樣做來補救。」最好是保持道德與涵養，展現誠信，提起勇氣進行艱難的對話。如果發現自己處境維艱，要盡全力重新建立同事對你的信任。

所有這些信任問題都回歸到相同的基本概念：你的老闆、你的隊友，以及整個組織的同事，他們的成功都依賴你。這種依賴可能使他們緊張，並使團隊計畫陷入危險。你要在關鍵時刻之前建立信任來穩定情勢，主動認識你的同事，讓他們感覺你和他們站在同一邊，甚至在接受考驗之前先證明你的可信度來贏得他們的信任。以公開支持他們的期望和兌現小小的承諾來證明你是可靠的，讓他們知道你會實現更大的承諾。每一個轉折都要保持涵養，找機會展現你是一個正直的人，所有用來**預先**建立信任的投資，都會以減少衝突，或至少是以有效益的衝突來回報你。那些相信你的人會做出對你有利的考量。

增加你對他人的信任

截至目前為止，我一直專注在**你**如何成為同事眼中值得信任的人，但你同時也必須考慮另一方面：你該如何增加對他們的信任？你或許會認為這聽起來很奇怪——「難道不是用同事的行為來決定他們是否值得信任嗎？」部分狀況是如此，但你可以控制的比你想像中的更多。信任不是客觀的，它不像溫度可以衡量，它存在你的腦海裡，你會選擇自己是否相信某個人。

不相信我的話？不妨對你自己做個思想實驗，你會發現信任和行為沒有客觀的關係。例如，想像一個你隱約相信的人，想像他做了一件對你有負面影響的事，你可能合理化地將它視為情勢所逼，然後設法繼續相信這個人：「他不是有意找我麻煩，這個計畫一開始就規劃得很糟糕。」反過來說，某個你不相信的人可能做一件對你非常有幫助和支持的事，但你仍然找理由繼續不相信他：「是喔，那是**這一**

次，我相信那是因為他剛好方便。」研究顯示就是這種模式。對於外團體（我們不太可能相信的人）的人，我們會把負面行為歸因為那個人的性格使然；而對於內團體的人，我們會把負面行為歸因為情勢所逼。這種錯誤判斷被稱為「終極歸因偏誤」（ultimate attribution error），它只會增強我們對某個人先入為主的看法。

這種惡性循環就是為什麼一旦信任受損就很難恢復的原因。因為一旦有人濫用你的信任，你會覺得自己變得「脆弱」，你自然會試圖保護自己，但你的防禦定位會觸發對方的自我保護反應，然後事情便會急轉直下——你不但沒有保護與防衛，反而選擇開始給予相信，即使對方還沒有贏得你的信任。我稱這種策略為「信任駭客」（trust hack），它應用到一點令人驚訝的心理學。我們都知道，我們對某個事物的感覺會影響我們如何對待它（態度導致行為），但很少人知道反之亦然：我們往往從我們的行為來推斷我們對某個事物的感受（行為導致情緒）。當你要恢復信任時，可以利用此一對你有利的駭客。

想像一個「你不信任某個同事，對方也不信任你」的情況。現在問你自己，如果你**確實**相信這個人，在這種情況下你會怎麼做，然後往那個方向採取一個細微但有意義的行動，並一定要讓對方看出你在做什麼。譬如，你也許不相信某個人能在一項跨職能會議上代表你發言。如果你相信他，也許你就不會去參加這項會議，而是利用這多出來的一小時把事情做完。不過不要等到你有感覺，做就對了——試著對他說：「如果你要參加那個會議，我很樂意你代表我發言，這裡有三個重點我認為必須提到。」即使你不相信那個人，也要表現出好像相信他一樣。

表現出彷彿你相信某個人，會啟動兩個良性循環。首先，表現出好像你相信那個人，會造成你的認知失調（因為你的感覺和你的行為之間存在差距），如果你堅持相信對方，那麼減少不協調的唯一方法就是改變你對他的感覺：**我讓他在這次會議上代表我發言，所以我必須相信他。**這樣會改善你對這段關係的體驗。其次，你的同事看到你相信他，就會開始改變他對你的看法（如同我在前面提過，我們喜歡人們喜歡我們）。你的同事會感知到你對他的信任增加了，這會改善他對這段關係的體驗。當你們雙方都擁有與以往不同的關係體驗時，你們的關係已經改善了。這些感知上的改善會導致更多的信任行為，從而迅速徹底改變方向。

如果你們之間的信任已經受損，你可能需要多花一些時間堅持這個計畫，才能使你的同事度過「好得難以置信」的階段，繼續做下去。除非你的同事有人格障礙，否則他會覺得他有責任回應你對他的信任。我知道這個方法會有風險，對方**可能**會濫用你對他的信任。但不妨把它視為一場賭注：如果你不採取任何行動來修復信任，可以確信的是情況會持續惡化；如果你冒險先相信他，則有機會使情況好轉。這是一個值得冒險的機會。

如果你想增加信任，就從正面的假設開始。當你這樣做時，你的言語會改變，你的語氣會改變，你的肢體語言也會改變。對方也會以同樣的方式回應你的開放態度和語氣，這樣就會形成良性循環，而不是惡性循環。除非你去嘗試，否則很難相信，但若你對他表現出你的信任，將會改變他的行為方式，最終也會證明你對他的信任是合理的。

減少不健康衝突的頻率與嚴重性的秘訣是：在必須解決的問題發生之前，先和主要的利益關係人互動。建立一條溝通管道，並在關鍵時刻來臨之前建立互信，這是衝突密碼的第一步。如果在你們彼此互信的關係中，事情偶爾變壞，你們比較可能認為是情勢所逼，這樣你們就會聯合起來解決問題，而不是彼此互相鬥爭。提早建立關係可以讓你預防衝突。

摘要

- 衝突之所以經常出現，是因為我們沒有清楚了解我們的期望就採取行動。

- 在需要解決的問題出現之前，先建立一條溝通管道，並建立互信（和你的老闆、你的團隊隊友，以及你的其他部門同事）十分重要。
- 要建立信任就要先建立關係，讓你的同事了解你的為人。他們越能預測你的行為就越會相信你。
- 藉著提出好的問題並展現你處理工作的態度，即使在你有良好的紀錄之前，也能贏得你在他人眼中的信譽。
- 證明你的可靠性，對你的同事展現你會優先考慮他們的需求。
- 以坦率的態度逐步展現你的誠信，尤其是你在掙扎時。
- 積極增強你對同事的信任，表現出好像你相信他們一樣，即使在你還沒有真正相信他們之前。

第5章 建立關係

喬是一家中型保險公司承保部門的副總裁，幾個月前，他不得不為他的團隊中一個重要的職缺——專案管理辦公室主任徵才。他雖然很想找公司外面的人，但他收到蘇提出的申請。蘇是公司的資深員工，而且一直是個能幹的專案經理。喬的老闆查理是蘇的大粉絲，希望喬能給她這個機會。喬對於蘇是否能管理一個這麼大的職缺有所保留，但總的來說，他認為她還算是個合適人選，於是給了她這個職位。

新上任幾個月之後，蘇仍在苦苦掙扎。她埋首在「微觀管理」她所接替的職務的瑣碎事項上，但是除了她所有的新職責外，她無法應付這麼多工作。喬對於這位專案管理辦公室主任沒有取得他所希望的進展而感到沮喪，但他仍網開一面，給她時間去學習她的新角色，直到蘇在一項非常重要的自動帳單專案上犯了嚴重錯誤。在蘇的監督下，兩個專案流程都沒有如期完成，導致技術供應商予以重罰。蘇自己不但沒有為這個過失承擔責任，反而將工作延誤歸咎於其他每個人。最後的一根稻草是蘇在喬的團隊會議上大吵大鬧，蘇指控喬不支持她，譴責他給她太多的工作量，然後氣沖沖地奪門而出。

喬準備解除蘇的職務。現在，首席營運長，也是喬的老闆查理介入了。他嘗試說服喬再給蘇一次機會。查理提議他們可以改變蘇的職務，減輕一些壓力。如果他們將這個職務的一部分專案分派給其他資深的專案協調員去執行，蘇就可以專注在這項自動化專案上。或者，他們可以更大力倚重顧問公司來承擔一些專案管理工作。查理決心這麼做。

但無論查理提出什麼建議，喬都不買帳，他對每一個提議的答覆都是：「不，那樣行不通。」查理不知如何是好，他不想強迫喬留下蘇，但又覺得最後局面看起來可能會是這樣。喬則感覺所有參與其中的人都把他視為壞人。他懷疑查理打算強迫他留下蘇，但又為何不直接表達？喬不明白，在蘇犯了如此嚴重的錯誤後，查理為什麼還想把蘇留在公司裡。

是盟友，不是對手

喬與查理的情勢已演變成一場醜陋的衝突。你也許以為喬與查理同為領導者，在這場紛爭中會站在同一陣線，但不知何故，他們成為對手了，情緒賁張，誰也不想去了解對方在氣什麼。兩人之間的敵意明顯可見。喬不喜歡查理提出的解決辦法，而且令他沮喪的是，他對蘇沒有決定的自主權。查理則氣喬不願意就改變蘇的職務以便協助她達成這件事情進行談判。他們為什麼會在這個問題上產生對立？

答案當然是他們都不聆聽對方，彼此完全脫節，因而產生對立。事實上，早在他們彼此停止聆聽之前問題就開始了。他們之所以會陷入這種境地，首先是因為他們沒有說出必須表達的挫折感；他們沒有清楚表達他們認為什麼是重要的；他們沒有說出他們的心聲以揭露這起爭論的真正來源，或者有助於解釋為何事情會演變得如此激烈。少了這個訊息，他們不可能停止爭吵，或是開始解決問題。於是，他們在這個時候打電話給我。

我坐下來和他們兩位談。我先問喬：「查理給你幾個選項讓你修改蘇的職位描述，使它未來更易於管理，你對這些選項有什麼看法？」

喬用力嘆口氣，顯示他對於使查理了解他的看法有多麼困難感到十分氣惱，但他回答時仍力持鎮定。「我沒有把握，我不知道這是否有幫助。我擔心蘇比較適合管理單一計畫的細節，讓她管理多項計畫她應付不來。如果我們讓她留下來，我們要如何防止**這種**情況再度發生？」喬說到「這種」情況時用力揮手。我接下去問：

「你說『這種』是指什麼？」

「蘇犯了錯誤，耽誤我們的計畫，開會時又大呼小叫，把所有的問題都歸咎於我。」喬用沙啞的聲音說。現在我們接近重點了，他正在給我問題的真正根源的相關線索。

「看來你還在想前一天蘇在辦公室發生的事，她在會議上將專案管理辦公室的問題都怪罪於你。對嗎？」

側重情緒讓我得到我想要的坦率。喬回答：「我當然會想那次會議！她在我的整個團隊面前羞辱我。我完全沒有想到，現在你還要讓她回來，要那些被她推下水的人去收拾她的爛攤子。這個要求太過分，因為她還沒有向我或任何她譴責的人道歉。我真是不明白！」

這就是原因了。這不是一場有關工作職務的紛爭，查理永遠不可能以改變蘇的職務來解決這個問題。這是一場有關蘇如何傷害喬的感受的紛爭。他毫無防備，在他的團隊面前感到尷尬。蘇指控他是個冷漠無情的主管，這完全與他對自己的期許背道而馳。她為他和其他隊友帶來很多痛苦，卻從未說一句「對不起」。喬擔心的不是他們是否能改變蘇的**工作**，他擔心的是他們是否能改變她的性格。

我回想我所聽到的，對查理有利的和對喬有利的地方。「對你來說，這關係著蘇的責任與權利。她一開始就沒有掌握好她的工作量，開會時仍然沒有為她的行為負責。這樣的評述公平吧？你擔心如果把她找回來做同樣的工作，她依舊不能承擔責任，你的整個團隊將面臨風險。」我只是簡單說出喬一直沒有表達出來的感受。

結果發現，喬是一個非常重視責任感的人。他對那些坦白承認掙扎的員工耐心而慷慨，除此之外，他認為沒有消息就是好消息。他沒有時間去關注不能勇敢面對挑戰的人，而且非常厭惡把問題歸咎給別人的人。蘇違反了喬的問責制的核心價值，更糟的是，蘇指控喬沒有盡到他身為主管應盡的責任，這個指控撼動了他的自信心。這是一個棘手的問題。

現在我們有一半的問題端上檯面了，解決這個問題需要蘇的道歉，並保證她以後會負起更大的責任。那麼查理呢？為什麼一個資深領導者會為一個害公司損失數萬美元罰款的人辯護？現在輪到喬聆聽和學習。

「查理，」我說，「現在既然你知道這對喬來說多麼痛苦，你應該可以理解為什麼他很難對慰留蘇這件事持開放的態度。你可以協助他了解，這種情況對你有什麼利害關係嗎？」我盡力讓兩個人都明白，有被聆聽的權利就有聆聽對方的責任。

「我認為我們應該讓蘇努力做好這件工作，」查理說，「我們從公司內部提拔一個人，這是一個重要的決定。如果她不成功，看起來會很糟糕，可能會使其他人在申請升職之前猶豫再三，這會嚴重打擊士氣。」

這不太合理，人們一定會理解一個犯下嚴重錯誤的人是否應該接受懲處，我還是不怎麼清楚查理的問題核心是什麼。現在是提出更多問題的時候，「請再告訴我，讓一個人從公司內部的競爭中被提拔會帶來什麼影響。」

查理沒有真正回答。他支支吾吾地，最後告訴我們他的真實想法：「老實說，我不知道，我想整件事或許是我的錯。」

啊，內疚。內疚是一種與深刻的信念密不可分的強烈情緒。當我看到跡象顯示有人對他們的行為感到內疚時，我知道我的方向是正確的。他只需要再多一點催促就會繼續說下去：「繼續說下去……」

「我沒有給予足夠的關注，」查理從對著我說話轉而直接面對喬，「你的標準有時非常高，」他說，「我覺得你沒有給人足夠的空間承認他們的工作量過重。你的能力很強，我想你底下的人都害怕讓你失望。我認識蘇十年了，應該知道她會逞強。我感覺我的規劃似乎從一開始就是失敗的，如果不再給蘇一個機會，我會很難過。」

查理對他底下的人有一種強烈的忠誠感。身為他們的領導人，他覺得他對他們有義務，但這件事讓他感覺他失敗了。當然，他想再給蘇一次機會，但他實際上是想再給自己一次機會。

一開始是工作職務的協商，此刻已演變成有關性格、問責制及領導力（價值）的深刻對話。現在明顯可以看出，想要解決問題，蘇必須展現更多的透明度和更大的責任感，喬必須展現真正的期望，而查理必須展現更多的支持與監督。艱難的工作已經完成，我們知道一個好的解決方案是什麼樣子了，現在我們只需要敲定細節。

兩位男士從連結的那一刻開始，對談的方向就有了巨大的改變。查理感受到喬的尷尬和自我懷疑的沉重壓力，因此他在提出解決方案時會審慎考慮對喬的衝擊。在這之前，他只關心蘇的感受，忽略了喬的觀點。同樣的，喬看到查理為他自己在這個失敗的結局中所扮演的角色負責，讓他感覺到這件事不是只有他一個人的責任。他們再度成為協力解決問題的盟友，而非陷入纏鬥的對手。

如同喬和查理的故事所顯示，要想把問題端到檯面上討論，開始解決問題，你必須處理三層信息：事實、感受和價值。

事實不能解決紛爭

我們很容易被誤導，以為對立的事實與訊息是導致你在工作上面臨衝突的原因；但它們很少這樣。當爭議中所討論的問題是正確的，或是相對重要的不同訊息時，你將體會到它是在解決問題，而不是在爭吵。當問題的根源隱藏在價值觀與動機相互矛盾的事實底下時，你立刻會看到、感受到，或者嗅到它很像是一個衝突。在這種情況下，事實只是你的同事正在為他們的感受和他們的信念辯護的一種「轉移」。

如果你的同事企圖以只分享對他們的案例有利的事實來欺騙你，你生氣是可以理解的。但實際上他們不是在欺騙你。多年來的心理學研究顯示，他們實際上是在欺騙他們自己——他們費心解釋的第一個、也是最重要的聽眾。身為人類，我們希望我們的行為有意義，所以我們編造偉大的故事說明我們為什麼要這麼做。我們做我們相信的事，說我們相信的事，然後組裝事實來證明我們的行動和立場是合理的。神經心理學家邁可．葛詹尼加（Michael Gazzaniga）將它描述為試圖使你的故事保持連貫。你根據自己的感覺或信念去做，然後組裝事實，形成一個連貫的敘述。

這是為什麼你的同事分享的事實，不是你在爭論中可以掌握的堅固事實。如果第一套事實不能使你相信他們想要什麼，他們還會再嘗試提出其他事實。在你弄清事實，知道這個人真正想要什麼之前，通常你會接二連三地面對通常是欺騙性的訊息。

從信息獲得深刻見解

事實本身也許是欺騙性的，但它們是珍貴的。它們是你必須推斷價值觀與信念在什麼地方的唯一線索，因此你的第一個策略應該是從你得到的事實中盡可能多收集一些資訊。

你可以收集到很多深刻見解，只需要仔細篩選就能找到好東西。第一個要注意的是這個人選擇分享什麼資訊；同樣重要的，要注意他們省略了什麼。他們試圖傳遞的事實是真正的看法還是判斷？他們說了什麼，以及他們怎麼說。所有這些答案都能為你提供和你交談的這個人的重要線索。

你可以從人們用來支持他們立場的事實中知道很多。注意他們選擇關注的問題的各方面，例如：「你提出三個論點強調這個方法對行銷團隊有利，你認為行銷是這個專案的主要受益對象嗎？」更具體地說，你可以了解他們強調的事實類型，例如：「你提到速度加快、優先排序可以做得更好，並減少修改。以你的觀點，你的計畫能展現效率嗎？」

事實可以為深入的對談提供入口。如果你把你所提的問題鎖定在這個人給你的資訊上，你遇到的阻力將會是最小，因為這樣你就是在暗示你將根據他們提供的條款開始做討論，同時你更可以選擇許多路線來加深連結——你可以要求對方提供更多資訊：「你對改善行銷計畫優先順序的看法很有意思，請再多告訴我一些。」你也可以複述這個人所說的話來釐清不同的問題：「我聽到你說我們需要不同的產品開發方式來從事行銷，**以及**一旦這些新措施都做到位，需要不同的專案管理方式。我有遺漏什麼嗎？」為了確保你們的觀點確實一致，你還可以請這個人解釋他使用的術語：「你說『新做法』，你認為什麼規模的專案適合這個新做法？」

雖然你聽到你的同事**正在**分享的事實，重要的是，你也要仔細聽出他們**沒有**說出的內容。如果這個人強調問題的一部分，卻忽略其他部分，你會知道什麼對他們來說很重要（以及什麼不重要）。如果他們專注於一個利益關係者，卻排除其他人，你也會得到另一個線索。如果他們談論的都是財務方面的利益，你也許會推斷他們比較不重視無形的問題，譬如：客戶的體驗或員工的參與感。如果他們談論的都是無形的資產，你也許會質疑他們對財務比重的權衡。一旦你問了幾個和你的同事所說的有關問題，應該再問一、兩個他們沒有提到的問題：「你談到產品發展和市場行銷，但我很好奇為什麼你沒有提到銷售。你在銷售這方面扮演什麼角色？」人們會為種種不同的原因排除部分問題，也許是他們不知道，也許是他們認為不那麼重要；或者，也許是他們故意不提不利於該案子的事實。深入探究他們沒有提到的事情，將有助於你了解問題所在。

一旦收集了所有的事實和資訊，並探究你的同事沒有提到的事情後，你會注意到第三類，也是最後一類：虛假的事實。當你的同事陳述他們的觀點時，你可能聽到一種或更多種看似事實的陳述，但很快就會顯現那是空洞的判斷或想法。爭論越來越激烈時，判斷與事實的比例通常也會上升。當同事提出缺乏事實根據的聲明時，你要注意。在這個行銷案例中，你也許會聽到你的同事談到目前的流程「窒礙難行」，或「產品開發給他們帶來負擔」。你可能也會聽到一些正面的判斷，譬如「新方法的優點」，或者為流程系統化而感到「寬慰」。雖然大多數人已被社會化，會避免在工作時過度情緒化，但如果你仔細聆聽，你會在他們試圖偽裝成事實的判斷與意見中看到他們洩漏的情緒。

關注情緒

一旦從事實收集了所有的資訊，你的第二個策略是密切注意這個人的情緒。不要避免對談中的情緒，要跟進它，因為情緒所在之處隱藏著解決方案。當你提到一個問題的情緒面時，要把你所談的和你觀察到的連結起來。遵循以下公式：（一）

描述行為，（二）分享你的假設，（三）提問。這裡有個例子：「你講了三遍『非常重要』，我感覺你急著採取此一行動，什麼原因使時間如此重要？」

因為在許多組織中，展露情緒是與文化相違的行為，你也許只能從同事的舉動，而不是從他們的言談中得知他們的感受。雖然你的證據僅僅來自肢體語言而不是言語，但並不表示要改變這個公式。你仍然必須陳述你所看到的，然後提出問題以便深入了解。「你剛才談話的聲音越來越小，你是否不願意勉強以產品開發來解決問題？」音量、音調、眼神接觸，放鬆或緊繃的身體姿勢，上身靠近或遠離桌子——當你試圖了解衝突的根源時，每一個信號都值得探究。

和事實與資訊一樣，看不見的情緒和看得見的情緒同樣重要。如果你的同事對一件他們應該興奮的事沒有顯露出興奮之情，可能就存在潛在的擔憂或焦慮。這值得調查：「我原本預期你會對行銷更能控制優先順序感到興奮，但從你的語氣聽起來似乎不像。你對這件事有什麼看法？」記住，只顯露積極情緒的人可能會淡化擬議中的計畫的風險，要留意似乎與情況不符的情緒，這樣你就知道，擬議中的方案不能解決對他們來說真正重要的事情。

淘金：找出價值觀與信念

不要太全神貫注於你的同事的情緒，了解他們的情緒只是一個通往目的的途徑；你是他們的同事，不是他們的心理醫師。你必須探索他們的情緒是因為它們引導你通往第三個、也是最珍貴的策略：找出驅動你的同事行為的價值觀與信念。在許多情況下，這個人不會意識到他正在做悖離他價值觀的事。沒有你的協助，他們不會知道困擾他們的是什麼或如何解決。在這一點上，你可以建立穩固的關係，先找出必須解決才能結束衝突的問題，然後開始解決問題。

找出價值觀與信念的公式建立在顯露的情緒上。同樣的，你從分享你的觀察結果開始，因為他們的行為是你所擁有的最客觀的資訊。先描述你所看到的，接著說出你對他們的感受的感知，然後再探究情緒底下的原因。例如：「你在談產品開發過程中面臨的挑戰時，你說了『踩煞車』。你認為行銷在產品開發過程中的價值是什麼？」這個開放式問題會給你的同事大量的空間去反思他們重視什麼。如果答案是「行銷在這裡是淘汰一些沒有人會買的瘋狂產品的構想」，或者「行銷試圖推動事情通過的過程太快，這對我們的產品不利」，你尋找解決方案的方向就會不同。

聆聽你的同事在決策的正、負欄中輸入什麼。他們認為什麼是利多？他們關注哪些風險和不利因素？如果你想消除衝突，並朝某個方向移動，你必須了解你的同事在等式兩邊的位置。想更了解槓桿正的那一面，你可以問：「什麼值得你這樣做？」想了解他們對不利因素的恐懼，你可以問：「這個方法讓你擔憂的是什麼？」當你聆聽，並對最重要的問題展現開放的態度時，你將找到問題的關鍵，然後著手解決問題。

花時間去了解事實、情緒和價值觀，事實上就是溝通。「溝通」（communicate）來自拉丁文，有「共同」的意思。只有共同的理解比知性的爭論更深入，而深入你的同事的價值觀與動機時，你們才能建立連結。不幸的是，如果你們只是交談，便無法達到這一步。

當你們對你們的價值觀達成共識時，那才是真正的連結，這種程度的連結值得投資。一旦你和你的同事真正溝通，你們將會脫離衝突模式，進入解決問題模式。這是衝突密碼的第二步。

找出價值觀的好處

「算了吧，黎安……高階主管不會在董事會議上討論情緒問題！」一位跨國銀行行銷副總裁說。我們正在就一個已浮出表面幾個月，卻仍未能解決的問題激烈爭辯，爭論的焦點是他們如何管理一個大區域的辦公室。這個辦公室是收購的一部分，自從合併迄今，公司已讓它自主管理了三年，現在領導團隊為了何時將它與公司整合，併入他們的工作流程與系統而爭論不休。這似乎是一個相當標準的業務決策，但十二個月過去了問題仍懸而未決，顯示其中必有更多其他的問題。

我鼓勵他們，如果他們想解決問題，他們要超越知性的爭論，探討情緒問題。有關系統整合與工作流程的對談掩蓋了問題的真正根源：重視卓越營運的主管（他們追求效率和簡化流程），與優先考慮強勢文化的主管（他們想保護此一區域辦公室的獨特精神）之間的衝突。由於對談聚焦在整合系統的關鍵問題上，他們忽略了彼此真正關注的重要問題。這個決定引來抗拒，並觸發團隊中不同派系間的分歧與被動型攻擊行為。甚至還有一個團隊隊員把自己鎖在廁所內不肯出來，因為她的隊友不願意將她的觀點列入考慮，使她非常憤怒。但是，一旦我說服每一個人坦白說出他們的感覺後，對談就變得更有成效了。

他們明白，他們的衝突是受到他們的偏見影響，無論他們是否承認。明確表達情緒層面可以使每個人協商他們的情緒，並決定他們如何權衡這些因素和這個案子的其他事實。公開表達情緒使他們增強了影響最後決策的能力。

行銷主管一直擔心情緒捲入爭論之中會減緩他們的工作進程，導致衝突延續更久。他不斷告訴大家：「這是業務決策，無關個人問題。」但他驚訝地發現，這種不願意處理情緒的潛在性格，竟是導致他們一再面對這個問題卻無力解決的原因。他們在背負衝突債。了解互相衝突的價值觀與信念是情緒的根源後，每個人這才鬆一口氣，因為他們知道他們的顧慮會在解決方案中獲得解決。有了這個信心，他們終於能開始解決問題。處理情緒有助於他們更快地度過衝突。

溝通，顧名思義，
不是你可以自己完成的東西。
你不能「對」某個人溝通，
你只能「和」他們溝通。

處理問題的情緒面甚至還有更大的好處。當人們因情緒而扭曲了他們的論點時，它會在團隊內部製造混亂與猜疑。一名團隊成員凱文就說了一句令他的隊友感到非常困惑的話——他一直辯稱公司的工作流程效率很差，要求區域辦公室比照實施毫無益處。這使營運負責人有點激動。後來經過幾次詢問後，凱文才終於透露，他認為強勢文化的好處遠遠勝過實施共同制度的潛在效益。這時大家終於明白他為什麼抱怨系統。同時，他也引發從營運主管到其他團隊成員對他的強烈不信任。如果凱文的動機一開始就是透明的，這種不信任就能避免。

將情緒和價值觀視為另外兩個資料數據庫，連同真實數據，你就可以處理影響你的決策的所有元件。這將有助於你了解引發衝突的所有因素。相反的，試圖「把情緒排除在外」只會將情緒趕到檯面下，從而損害有效的決策，並導致不信任與功能障礙。堅持事實看似權宜之計，但最終將延長衝突。

建立關係

驗證

建立穩固關係第四個、也是最後一個可以將無益的衝突轉變為有效決策的策略是：驗證。通常，當我們發現和我們不一致的價值觀時，我們的預設反應是否定這個人的反應。如果他表現出焦慮，你會傾向說：「不用擔心，沒事。」如果他們說這個問題和問責制有關，你會說：「不，這和實用主義有關。」

除了質疑、反駁或壓制同事的評論之外，還有其他方法可以破壞你努力建立的關係。一種是直接跳到你的觀點，不理會你的同事所說的話；另一種方法是越來越大聲、兩極化且連珠砲似的發言——這會導致彼此的距離越來越遠，而不是越來越近。你也可以質疑同事的動機，或挑戰他們的關聯性、能力以及準備工作，使你自己陷入更多衝突。但否定此人反應的最陰險的方式，或許是將你的視線和你的身體從你爭吵的對象身上移開，轉向在場的其他人。你可以用許多方式暗示你不聽，而且不在乎。

多麼可惜呀！你已經努力在傾聽，並找出驅動其行為的感受與價值觀，卻又以一個暗示他們說的話你都不想聽的反應將它捨棄。但這樣做只會更激怒他們。與其公開或暗中否定你的同事的反應，不如想辦法傳達這樣的訊息：儘管你也許不同意，但你已聽到，並了解他們在說什麼。

我在第二章中提過前ＦＢＩ人質談判代表克里斯・佛斯，以及他把妥協比喻成一隻腳穿棕色鞋、另一隻腳穿黑色鞋出門的故事。佛斯知道驗證第一手資料的價值。

他在《FBI談判協商術》中描述了「鏡像」（mirroring）技術。當你要反映這個人的談話時，你要用你的語音模式、肢體語言和語彙來表明你與他們同步。在人質談判的情況下，這意味著複述挾持人質者所說的最後三個字（最重要的三個字），是建立連結的捷徑。而且，不用擔心，人們喜歡聽到他們說的話被重複，這樣才不會有被應付的感覺。

我們希望你的組織中的衝突不像人質談判那樣。對於敵意較少的情況，還有其他許多驗證的方法，你必須選擇一個你覺得合適的，這樣做起來才能完整而確實。如果你的驗證不確實，情況甚至會變得更對立。你的選項可以包括評論這次討論的重要性：「我認為這是一次重要的對談，所以我們必須協商解決。」或是謝謝他們：「謝謝你提出這個問題，我一直對我們前進的方向感到不安。」也可以複述他們的評論：「從你的觀點，這是關於問責制。」只要選擇最真實的那一個，這樣就可以表明你是真心的，而不是應付的。

驗證並確認對方的想法是縮短衝突最快、最可靠的方法。它會降低戒備，使事情聚焦在問題上，大幅提高彼此達成協議的速度。它沒有聽起來那麼難，因為證實對方所說的話並不表示你同意他的觀點，這只是發出信號，表明你是以盟友的身分在努力解決問題，而不是以對手的身分與他爭論。

增強關係

到目前為止，我們已經討論了建立穩固關係的四個策略：從信息收集見解、探索情緒、找到價值觀，以及驗證你的發現。除了這些主要的策略外，這裡還有其他幾個竅門可以幫助你建立穩固的關係，將「衝突」轉化為解決問題的「協商」。

減少干擾（實質的或象徵性的）：從你的辦公桌後面走出來，和對方一起坐在桌子的同一邊，並且放鬆你的雙臂，利用你的肢體傳達你希望以盟友的身分解決這個棘手的情況。

有一點要注意，有時你傳遞的訊息太強烈，反而會使對方難以承受。在這種情況下，保持一點距離有助於和你起衝突的這個人感到更安全。這時你要或坐或站在這個人旁邊，但是要面對他，與他平行交談（這是和一個覺得直接對視會太緊張的人溝通的絕佳技巧）。

如果你們沒有在同一個場地的優勢，當你嘗試建立關係時，你會處於明顯的劣勢。我見過許多衝突因為遠距解決問題的窘境而從文火轉為沸騰。幸好，我們有很多工具可用來改善遠距同事的溝通品質。你可以利用那些時髦的視訊通話，它們會確保你至少有一些肢體語言的提示，協助你找出衝突的來源。

距離不是只有實質的，它也可以跟智力有關。當你和某人爭論時，你會想跟他比聰明或繞著他們的話打轉。這樣也許會把衝突趕到檯面下，但肯定不能解決衝突。**去掉行話**，把你的一個十塊錢的語彙換成幾個兩塊錢的語彙，選擇能清晰傳達訊息的語言，不要使用隱喻，或語意含糊不清。

這裡還有個拉開距離的方法：關燈，試圖用時髦的 PowerPoint 簡報去贏得你的論點。我可以向你保證，將所有人的視線從你身上轉移到螢幕上去閱讀一系列要點，這個方法既不能增強連結，也不能降低他們對你或對你的構想的抗拒。你要**聚焦在雙向溝通**。如同我所說，你必須「和」他們溝通，而不是「對」他們溝通。

一旦去掉這些危害關係的殺手，你就可以從幾個好習慣開始下手。**為了降低衝突強度，請在非正式空間交談**。會議室和辦公室會製造拘謹與距離，當你需要改善你和同事的關係時，你要找一個比較好的環境。不妨嘗試自助餐廳、前廊的長椅，或者出去散步，然後討論一個特別棘手的問題。

最後，要表現出易於溝通與承擔責任，**使用第一人稱主動語態**。沒有比使用被動語態、語意含糊籠統，例如：「該簡報被打回票了，因為內容太過簡潔。」更容易被人認為你是個矯情的笨蛋。相反的，應該以有擔當、負責任的語氣說：「我認為你的簡報太短，所以我退回去了。」第一人稱主動語態能傳達負責任的態度，它告訴對方你願意為誠實、透明及坦率的服務而忍受不舒服。

好消息是你不需要做得很完美也可以建立更穩固的關係。如果你真的想了解什麼對你的同事最重要，即使是問一個笨拙的問題也行。你可以承認你內心的掙扎：「很抱歉，我真的想了解你的立場，我正在努力找合適的問題發問。」甚至，如果你不再好奇並且有了防備，承認你的錯誤也會增強連結：「我不斷在對話間插入我方的需求，我很抱歉，讓我們回到你想完成的事情上吧。」正確的動機比完美的語彙更重要。

當你不斷嘗試解決不正確的問題時，組織內的衝突會持續延長，最後變成人身攻擊，令人感到不舒服。不幸的是，你的同事可能不會告訴你真正的癥結，因為它是不理性或不合邏輯的——它只是他們相信或他們想要的；而且他們被教導沒有人會相信感覺和價值觀。你忽略真正的問題越久，你的同事的挫折感越深，討論會變得更激烈，雙方越不容易改變。如果你努力建立一個穩固的關係，真的想了解你同事的立場，你會發現你的對手突然轉變成你的盟友。它將不再是一場爭論，它會變成兩個人協力解決問題。

摘要

- 努力與一個人建立穩固的關係，能讓你以盟友身分解決問題，不會以對手身分互相鬥爭。
- 當討論逐漸變得激烈時，現有的事實與資訊能提供絕佳的線索，讓你了解對主要參與者而言什麼是重要的。當對方將焦點集中在風險上時，要注意他說了些什麼（以及沒有說什麼）。
- 探索這個人以他的話語和肢體語言傳達的感覺與情緒。有情緒的地方可能就有更多你還沒有發現的實質問題。
- 利用詢問與觀察找出隱藏在他們的立場底下的價值與信念。價值與信念能為衝突解套，找出解決方案。

● 無論你是否同意這個人，你要驗證他們所說的話，使他們感覺自己有被聽到和了解。

● 利用隨手可得的東西來增強你與對方的連結，包括你的物質環境、你的語言和語氣，以及你的肢體語言。

第6章 對解決方案的貢獻

我正在協助一個著名的表演藝術組織建立團隊績效流程。一天當中，團隊成員多次以「預算問題」為由表明此舉不可能成功。我決定深入探討這個問題，希望能提供一個機會讓他們更有效地解決衝突。

當他們開始討論預算時，我發現情況並不樂觀。兩百萬美元的資金短缺意味著他們必須削減開支，並且無法實現他們已規劃好的一些雄心勃勃的計畫。當他們討論應該如何因應時，氣氛變得十分緊張。

籌款負責人瑪莉．貝斯打岔說：「我認為我們應該向董事會公布預算，讓他們知道預算短缺兩百萬美元。」她坐在椅子上，很滿意自己提出的這個解決辦法。

但財務主管霍華德不同意。「妳在開玩笑？我們有平衡預算的信託責任，如果不提交一個平衡的預算給他們，那是我的失職！」他這番話流露出傲慢的態度。

我可以看出瑪莉的氣餒。她決心改變他們的命運，卻因霍華德聽天由命的態度、同意採行痛苦的削減計畫而感到沮喪。顯然，霍華德並沒有放棄他平衡預算的立場。

他們已在自掘墳墓，準備展開一場論戰。

問題，不是解決方案

瑪莉．貝斯沒有先就這個問題取得共識就直接提出一個解決方案，此舉引發了衝突。不幸的是，我們許多人都被教導要直接解決問題。我從我工作過的第一位經理那裡學到這個「提出解決方案」法則。他是一位時髦的銀髮顧問，重視自行解決問題，沒時間看你演戲。我被訓練要再三考慮我所關切的事，而且要做好準備隨時提出建議。這個訓練讓我得以妥善處理我與老闆的關係，我學會了提出早已準備好的解決方案可以使你看起來積極、有見識和負責任。

但是，當你應用同樣的「提出解決方案」的方法去解決不是你自己的問題時，問題就來了。提出解決他人問題的方法，可能在許多方面被誤解。你的同事也許會認為你在干預不屬於你的權責範圍的事，以為你懷疑他們解決問題的能力，或者你試圖博取老闆的讚許。這個使你成為老闆眼中的英雄的主動積極、負責任的舉動，突然讓你成為同事眼中惹人厭的萬事通。更糟的是，如果你的解決方法沒有擊中目標，你可能會被認為是個無頭蒼蠅，你的信譽將嚴重受損。瑪莉．貝斯就是這樣。

我看出了端倪，於是請霍華德和瑪莉暫停，並且倒帶。我請霍華德暫時不要有抨擊瑪莉的想法，先對這個提議存著好奇心。霍華德願意試試看。「瑪莉．貝斯，妳要向董事會公布預算不足，為的是什麼？」

她立刻回答：「我只是認為董事會並沒有要急著籌資，如果他們知道我們將放棄所有的精采計畫，我想他們會開一張更大面額的支票，或多打幾通電話。」瑪莉．貝斯這段話清晰而有說服力。

藝術總監卡妲琳娜立即加入：「我完全同意！我認為他們只是接受我們告訴他們，我們正在做什麼，並沒有努力推動讓我們去做更多的事。我一直覺得董事會需要更大的緊迫感！」

卡妲琳娜的觀點對團隊中的每一個人都具有重要的意義。如果她認為瑪莉．貝斯對董事會躊躇滿志的看法是正確的，她的論點就會獲得強力的支持。

好人的衝突策略

那麼我們該怎麼辦？瑪莉．貝斯和卡妲琳娜想要向董事會據實報告財務狀況，霍華德想要證明他有履行組織中財務主管應盡的責任。團隊需要一個冷靜處理這個狀況的方法。他們需要直搗問題核心、揭露互相矛盾的主要事項，但是仍然需要有合作的感覺。

我將為你提供六個可以用來解決衝突的技術，這是衝突密碼的第三部分。我稱這六個技術為「好人的衝突策略」，每一個策略都旨在將反感減到最低，然後進行討論並找出解決方案。這些策略通用於不同的情況和不同的原因，它們的共通點是利用我在第五章中分享的聆聽與驗證的方法。在繼續進入這些策略之前，請先確認你已充分了解這些基本的技術。

一、兩個事實

這個預算案例是運用我所謂的「兩個事實」（Two Truths）技術的絕佳機會。採用「兩個事實」技術時，請遵循以下步驟：首先，再三驗證以證實你同事的觀點。可能的話，提出一個開放式問題以了解他們的立場根據。一旦證實他們的觀點並確認你已了解後，將它寫在你們兩人都能看到的地方：「事實一：我們需要使董事會增加緊迫感。」現在，你可以加入你的觀點：「對我來說，這樣能顯示我們對組織的良好管理。」並在可能的範圍內，添加一些內容說明為什麼你認為很重要，譬如你做一件吃力的工作，這時就可以表達你的感受與價值：「我很認真承擔財務主管的任務，我愛這個組織，不希望看到我們像其他許多藝術組織一樣陷入財務困境。」接下來，將你的觀點表達出來，和事實一寫在一起：「事實二：我們必須提交平衡的預算。」現在你和其他參與討論的每一個人都注視著白板上的兩個事實。你的工作是解決這兩個你們都一致同意為事實的問題，這會給人感覺好像在做代數題，比較不像衝突。

當你的同事陳述一個你不同意的聲明或主張時，「兩個事實」是一個很好用的技術。你們的歧見也許是相對無害的，例如，如果你認為對方關注問題的角度有誤；或者認為這是相當嚴重的歧見，例如霍華德認為瑪莉．貝斯的建議十分魯莽。

無論你們的歧見有多深，如果有人提出你不同意的解決方案，你的一般反應通常是反駁他們，或嘗試以你自己的觀點來壓倒他們。這讓我想起一九八〇年代美樂啤酒（Miller Lite beer）的商業廣告，交戰的雙方總是為美樂啤酒「好喝」或「充填量較少」而鬧得不可開交。不幸的是，你的同事面對和他意見相反的人的自然反應也許是加倍反擊，但這只會使各方都更保護他們的原始立場——它不會給你們前進的機會。

但「兩個事實」使你們站在同一邊，解決各自不同但相關的問題，不會產生各執一方的拉鋸戰。「兩個事實」的前提是：對方不必是錯的，而你是對的。你們兩人的觀點可能都是對的。

在這個藝術組織的案例中，一旦他們能看出這兩個事實就很容易解決問題。答案只需要五秒鐘：準備一張寫出各項預算的紙張，包括必須刪減的計畫，然後畫一條線區隔有資金和沒有資金的項目，這樣就會知道董事會激賞的一個演出計畫目前仍缺乏資金。預算統計出來了，但他們的雄心與執行方法之間的差距現在一目了然。一開始「你不知道作為一名高階主管意味著什麼」和「你不關心這個組織」兩種激烈的衝突態度，在每個人都對自己的團隊感到滿意的情況下便得以解決。

「兩個事實」技術是透過對你的同事發出信號，表明你準備聆聽並接受他們的看法來縮短衝突。當你願意考慮他們的觀點時，你的同事會受到鼓舞，對你採取開放的態度來回報你。當你們雙方都努力尋找解決問題的方案時，你們已經轉換成解決問題的模式，這種模式本質上是協作的，不是爭鬥的。

二、根本因

當你不同意某人對這個問題的評估時，「兩個事實」應該是你的預設方法。有時，你並非不同意這個問題，你只是不同意你的同事提出的解決辦法。在這種情況下，你可以運用「根本因」（Root Cause）策略。當你覺得你同意這個問題，但與同事所提的解決辦法仍有相當差距時，「根本因」是個有效的方法。

如同我在「問題，不是解決方案」那一節中所討論，當有人提出一個越權的計畫時有可能產生摩擦。如果你的同事這樣對你，你可能會氣他們不相信你可以解決問題。你的自我防衛意識會使你忽略你同意這個問題，而直接陷入與擬議中的解決方案有關的爭鬥中。這樣不會促進健康的討論。你應該專注在問題上，不要為一個站不住腳的解決方案而分心。同意你們有一個重要問題需要解決，即使你不同意你的同事提議的解決辦法。如此一來，你們的立場就會一致，然後敞開心胸探討可能的解決方法。

我曾經與一個力謀應對人員流動率過高的團隊合作。他們在研討對策時，團隊成員潔西提議發給排名前百分之二十五的優良員工慰留獎金。說這個點子不太好還是個保守的陳述。人力資源顧問蘿絲對這個提議大為吃驚，而且不止她一個人感到震驚，許多人紛紛將砲火對準潔西，舉出種種理由說明為什麼發放慰留獎金的構想不好：「萬一那百分之二十五最優秀的員工領了獎金後離職呢？那不是開了先例，從此以後我們都必須為員工的忠誠度付出代價？」我並沒有聽到任何人不同意潔西所說的人員流動是個問題，因此我建議這是採用「根本因」策略的理想時機。

我示範給他們看。「潔西，妳認為我們的人員流動率太高，所以妳想實施發放慰留獎金的辦法？」她點頭。好，下一步。「什麼原因使妳提出發放慰留獎金的建議？」潔西想了一下，回答道：「過去三個月，已經有四個人在他們的離職面談中提到薪資。」潔西聽到這些人提到薪資，於是鎖定這是問題的原因。我鼓勵她再想一想其他的可能原因：「一些人提到薪資是他們離職的原因，他們還有提到其他的離職原因嗎？」潔西請負責離職面談的人力資源顧問蘿絲回答這個問題。蘿絲對這個問題又進一步解釋：「以我的經驗，人們很容易抱怨薪資問題，但從跟這些人的討論中，我發現更大的問題是他們覺得我們不重視他們。」

蘿絲完全同意潔西的看法，認為公司必須解決人員流動的問題，但她知道不能驟下結論，認定獎金是唯一的答案。「慰留獎金可以做為一部分解決辦法，」蘿絲說，「我還在想，我們是否必須採取其他措施，讓我們最優秀的員工知道我們有多麼重視他們。」一旦找到共同的立場，蘿絲試著提出一項解決方案：「如果我們發放慰留獎金給前五名最優秀的員工，並為每個員工安排一輪個人發展計畫呢？然後我們可以重新考慮以績效調薪，從新的年度開始調整他們的薪資。」

運用「根本因」技術的要點是當你的同事提出一個好的構想，而不是提出一個差勁的解決方案。從這個起點開始，你們會以更開放的態度去探索不同的途徑來解決問題，同時又能注意到所有限制。當你們對問題的評估看法一致，但對於解決辦法意見不同時，「根本因」技術可以協助你們找出一條前進的道路。

三、質疑衝擊

當你願意相信你同事的觀點是對的或至少有一些優點時，「兩個事實」與「根本因」策略就能發揮作用。但有些情況下，你可能無法全憑良心（或者在面對相反證據的情況下）同意你的同事所說的事實。這種情況下，就不要使用「兩個事實」或「根本因」策略，因為你無法真心使用它們。好消息是你還有其他選項，其中之一就是「衝擊」（Impact）技巧。

當有人提出一個你知道會造成嚴重破壞（對你的團隊、你的客戶，或你的業務）的餿主意時，「衝擊」技巧是個很好的方法。當你對擬議中的解決方案不夠了解，無法評估它的好壞時，這個技巧也很好用。我在人力資源顧問公司工作期間就曾用到這個「衝擊」技巧。我們公司分成幾個區域，業務由各個領域（如：退休金、福利、薪酬）的負責人管理，他們在業務運作上擁有很大的自主權。我是員工業務調查的實務主管，但我必須透過影響力來完成任務，因為我沒有真正的自主權。在一次全國會議上，東部地區負責人艾瑞嘉宣布，她想實施新的員工調查方法，新方法的調查時間較短，報告格式也不一樣。她在會議中強調這個新方法有多麼好，以及多麼適合她所在地區的客戶。

做為一位負責全公司的人，我對艾瑞嘉的構想的預設反應不是太積極。我立刻反駁：「妳不能那樣做！那會造成天下大亂。我們之所以有標準化系統是有原因的！」我立即想到四個行不通的理由，我必須在其他區域領導人也開始有樣學樣，採用他們自己的一套方法之前打消這個念頭。老實說，我已在腦子裡暗中咒罵艾瑞嘉總是想在她的地區實施不同的措施。但我從經驗知道，抨擊艾瑞嘉的想法或攻擊艾瑞嘉本人只會激怒她，使她更極力爭取她想要的東西。這是運用「衝擊」技巧的絕佳時機。

「衝擊」是把人們的注意力吸引到他們忽略的瑕疵上的方法。「衝擊」策略不是批評你不贊同的計畫，而是利用一些很好的問題，協助這個人看出他們的計畫確實存在固有的風險。對於爭論的另一方而言，讓他們看出自己的計畫有缺陷，會比由別人指出缺陷來得好。

運用「衝擊」技巧時，首先要問一個開放式問題以了解這個人提出這項計畫的潛在動機，然後重申你所聽到的內容，讓他感覺你有在聆聽。其次，提出一個問題，顯示這個人提出的方案中隱含了他沒有考慮到的衝擊或後果，然後再探討其他方法來解決對方最初關心的議題。

以下是與我艾瑞嘉的對話。「妳想在東部地區實施新的員工調查方法，」我說，「是什麼導致妳想採用這個方法？」艾瑞嘉回答得很好：「這個嘛，有幾件事，首先，我們那個地區的競爭者越來越多，我們必須降低價格打進市場。還有，我們的客戶告訴我們報告太過冗長，他們想要一種更容易消化與理解的格式。」艾瑞嘉詳細列舉競爭對手銷售的產品，並提出令人信服的更改理由。

她這一番話並未消除我最大的隱憂——她若改變格式將使全國各地區不一致。我盡可能委婉地提出這個問題：「我可以看出為什麼改變格式對妳那個地區深具意義，但是它將對國內其他地區和我們合作的客戶造成什麼衝擊呢？」艾瑞嘉立刻對這個問題啞口無言。她沒有辯解，她知道我們國內的客戶很重要，因此我們必須想出一個適用於她的地區和全國各地的解決之道。

透過採用這個方法，我聆聽並確認了艾瑞嘉對現行系統之於她的地區過分繁雜的擔心。這使對談語氣變得更具建設性，並有助於她看出自己所提的解決方案將造成重大衝擊。如此一來我就不必在總公司扮演壞蛋的角色，衝突也因此得以避免，轉為開始解決問題。我們最終建立了一系列核心問題交由各地區執行，並容許他們自訂管理辦法。我在這家公司工作期間，這個修訂過的流程一直都在進行。

四、假設

另一種常見的衝突情況是：當你提出的建議被同事斷然否定時，如果這個人將他們的否定歸咎於某個人或某些他們無法掌控的事物，你就有運用「假設」（Hypotheticals）策略的完美立場。我指的是援用外部的事例將它合理化，譬如：「一九九七年技術團隊就曾經嘗試過，但沒有奏效。」或「銷售人員絕不會同意！」這個人不願意支持你的想法，但他又不願意為他的拒絕負責——於是他將責任歸咎於他人。

試想一種你對這種局面最可能的反應。你可能會針對他們反對的理由與他們爭辯：「我認為自一九九七年以來科技已經有了一些改變，也許現在應該再提出來討論一下。你覺得呢？」或者，你也許會因為此人將他們的抗拒歸咎於他人而感到沮喪：「你在開玩笑？你把責任推給銷售人員？如果你不喜歡這個點子就大膽說出來。」如果你真的不喜歡衝突，你也許會兩手一攤然後放棄這個念頭。這些都不是很好的選擇。

「假設」技術的理念基礎是這樣的：探討你提議的方案的優點會使它更有吸引力，從而克服對缺點的抵制。「假設」技術使你的最終目標更令人嚮往，使你的同事增強克服障礙與異議的動機。

運用「假設」策略時，你要先驗證反對意見。（你們現在對一個共同議題有感覺了，不是嗎？）我知道當有人抨擊你的構想時，你最不希望的一件事就是證實他們的反對意見，但這樣做是值得的。你驗證反對意見無誤後，先暫時將它放下，滿足他們，然後請這個人想像一下，如果你神奇地克服阻力，那會是什麼情況。一旦這個人看到這個構想的好處後，你再回頭解決反對意見。

某家製藥公司的一次收購機會，為「假設」策略的價值提供一個很好的實例。這家公司的發展團隊確認一項有潛力的收購案能將一種新的糖尿病藥物納入公司的產品組合。這種藥品的數量龐大，正是該公司藉以提高低迷的收入所需的良機。不幸的是，企業發展部負責人馬克發現產品部負責人戴夫並不熱中。「我們永遠不可能使業務部同意增加新的治療領域。」

戴夫不贊同這項有潛力的收購案，但他把自己的抗拒歸咎於業務部。他宣稱業務部主管絕不會同意增加新的領域。馬克說：「好吧，業務部絕不會支持新的治療領域，我懂你的意思。你也許是對的。」他頓了一下，嘆口氣，然後繼續說道：「不過，你暫且聽我說，如果我可以讓業務部同意，在糖尿病治療領域中擁有該產品會有什麼價值的話呢？」對戴夫而言這是個容易回答的問題。糖尿病是個快速成長的治療領域，並且和他們現有的一些產品有很大的重疊性，透過目前的產品組合，他們已認識一些糖尿病領域的重要醫生與研究人員。想到這些大好機會，戴夫越來越興奮，這一點有利於馬克爭取戴夫的協助。「我知道卡蘿會接受。你想我們可以怎樣告訴她的業務團隊，讓她看到這個機會的價值？」不到三十分鐘，馬克便說服戴夫這項收購案太好了，不容錯過，並請他協助說服業務部。

我想利用這個製藥公司的例子向你展示「假設」策略克服組織障礙的能力，但我最喜愛的「假設」策略故事來自我的女兒琪拉，她一直要求我和丈夫買一隻新的寵物狗。我們的老狗威爾博——一隻一百三十五磅重的紐芬蘭犬在三年前去世，這兩個從來不帶牠出去散步、不幫牠理毛，也不餵牠吃飯的孩子卻決定她們**需要**一隻新的寵物狗。我愛狗，但養狗不適合我們的生活型態。我的兩個女兒都是好勝心強的舞者，經常旅行參加比賽。我們每年夏天也都到國外長期旅遊探險，這種複雜的情況實在不適合養狗。

有一天，我開車送琪拉去上舞蹈課，她對我說：「我知道我們不能養狗，因為我們經常旅行。」**確實**，我心想，**我很高興她終於接受這個事實。**「但是，如果您再養一隻狗，您會養什麼狗？」我想像我夢中的狗。「我肯定會再養一隻紐芬蘭犬，但這次我會養一隻母狗。我會為牠取名威琪，牠會是一隻全黑的狗，而且這次我們絕不會讓狗爬上沙發。」當我意識到她在打什麼主意時，我幾乎要把車子開到動物寶護協會了。她正在對我運用「假設」策略，而且效果很好。好極了，琪拉，好極了。

五、共同準則

當有一群人在權衡一個有爭議的決策時，這個策略格外有用。「共同準則」（Common Criteria）技術可以延遲可能的解決方案討論，使每個人都有機會權衡他們在一個良好的解決方案中所要尋找的東西。由於不同的與會者嘗試解決不同的問題，當你知道討論將會變得很激烈時，這個技術特別有用。以下是我與一個執行團隊一起運用這個策略的方式。

這個團隊正面臨一個非常艱困的局面，收益減少，成本增加。有一個事業單位尤其受到嚴重的打擊，他們的計畫中有一筆五千萬美元的漏洞。該單位的總經理想到他又得上報另一個季度的赤字而苦惱不堪，他迫切希望削減支出使收支平衡。同時，公司執行長也心煩意亂，他不喜歡這些赤字，但他更擔心如果裁員會破壞公司的文化，扼殺他們的動力。總經理為執行長不給他做決定的自主權而生氣，執行長則為總經理只考慮他自己的單位而生氣。

他們想辯論哪一個計畫是正確的，但我不同意；相反的，我給在座的每個人一個機會，分享他們的動機和他們的顧慮——但規定只能分享動機與顧慮，不能提出建議。總經理承認他一想到要向董事會報告赤字就感到羞愧。執行長表達他對於公司將喪失信譽而感到焦慮。另一位主管又說，沒有人談到裁員將給客戶傳遞什麼信息。

在我們開始討論建議之前，每個人都感到樂觀，認為這種討論方式會帶來良好的結果。他們每個人都從寫在白板上的「共同準則」事項認識到他們的問題。這些事項包括對營收與利潤、關鍵人才與文化、客戶與市場認知的影響。當他們知道自己的觀點會被納入決策時，他們都更有信心了，本來握緊的拳頭開始鬆開，緊繃的肩膀也放鬆了。

一旦列出共同準則，我們便開始討論可能的解決方案。雖然一開始被設定為二分法：裁員或不裁員，但實際上仍有幾個中間選項。譬如，其中一個解決方案是將人員從利潤較低的部門調到需要更多資源的部門，這樣做雖然不會降低公司的整體成本，但是會改善積弱不振的事業單位的財務狀況，並且將成本重新分配到營收合理的地方。最後我們研擬出四個不同的解決方案。

一旦將所有解決方案和評估標準提交董事會，我們便有系統地研究每一個選項，權衡它們對每一個準則的影響。對談有了九十度的轉變。看著那些赤字，他們決定不要忽視財務狀況，且必須削減開支。但最早倡議削減開支的人，也是第一個談論如何實施這項決議的人。他們希望能盡量減低對員工士氣的影響，尤其是那些表現優異的人。運用「共同準則」策略通常會使困難的決議分成兩部分：我們能做的最好的事情是什麼？以及，我們如何才能最有效地執行這個決議，同時又能兼顧其他的問題？

「共同準則」技術令人安心，因為它讓他們想到依據準則制訂決策對他們來說是重要的。一旦聽到他們的顧慮被確認，他們就會更願意聆聽其他因素。從那一刻開始，它就成為解決問題的練習，而不是一場紛爭。

六、承認誤解

從上述的每一種情況中，你已了解引發衝突的原因。有時這個人不合理到你無法診斷問題，這時候就是「誤解」（Misunderstanding）策略上場的時候。

「承認誤解」（Own the Misunderstanding）運用在你和你的同事波長不同的時候。你無法理解他們為什麼談到某個問題，或者他們的觀點和眼前的問題有何關係。特別是當你和某個權力比你大的人步調不同的時候，這個方法尤其好用。

當有人拋出一句前後不連貫的話時，你自然會感到困惑、挫折，然後厭煩。如果對方是你的同儕或下屬，你甚至可能不予理會，繼續討論。但這樣做會使他們暗地裡反抗，並可能引發被動型攻擊行為——從而形成更多衝突債。因此，不要小看那些沒有意義的話；相反的，要承認是你缺乏理解。不要認為對方所說的話是無益的或錯誤的。

你的團隊進行每月一次的例行管理會議，你正在談你的第三季度銷售差距時，米契突然插嘴，建議你取消兩項擬議中的新產品促銷活動。你十分困惑，減少促銷活動如何能幫助我們**增加**銷售量？你請米契暫停，請他再重複一遍他剛才說的話。「我們正在談銷售差距，你卻建議我們減少促銷活動。」米契十分淡定，顯然胸有成竹。「是的，」他說，「我認為我們給員工太多促銷活動，他們不知道應該選擇哪一種向客戶推銷。」

你仍然不太明白，銷售人員不會推動**所有的**促銷活動，但他們至少有許多種選擇。你需要更進一步釐清，「你告訴我，有太多促銷活動可以選擇如何造成我們的銷售差距？」米契很樂意為你解說。「有時他們會選擇對我們而言利潤較少，但對他們而言更容易推銷的產品。我寧可集中目標，只讓他們推動兩項利潤最好的產品。」現在你了解他的走向了，這時你就可以轉換到另一個解決衝突策略。

如果運用「兩個事實」方法，它會是這樣：「對你來說，這是讓員工集中目標；

對我來說，這是吸引更多車輛開到商場。我們怎樣才能兼顧這兩件事？」如果運用「衝擊」方法，它會是這樣：「暫停促銷接受度較差的產品，對它們的成長潛力會有什麼影響？」或者，你也可以運用「根本因」技術，說：「對你來說，這是為了集中目標，我明白了。那我們如何在不影響我推動新產品成長的情況下集中目標？」一旦澄清最初的誤解，你就可以憑你對所學技術的感覺來運用它們。

「承認誤解」之所以有效是因為它不會挑戰對方的智力或能力，它讓你退居從屬地位，把任何不清楚的地方都歸因於你的誤解，而非對方溝通不明確。這讓你有足夠的空間釐清你在處理的問題，然後你就可以選擇一種適當的技術繼續與對方討論。

現在你有六種不同的技術讓你擺脫無益的衝突螺旋，開始為解決方案做出貢獻。這些技術都需要花點心思練習，但是一旦熟稔之後，你會發現你減少很多無效益的衝突。你會破解衝突密碼。接下來我要分享兩個工具，你可以利用它們來降低一開始就發生衝突的可能性。

摘要

- 一旦建立溝通管道並建立穩固的關係後，你就可以順利找出解決方案。
- 運用「兩個事實」策略來確認對方的優先事項，同時加入你自己的優先事項。一旦有兩個已確認的事實，你們就可以朝解決問題的方向去努力。
- 當你想提出不同的解決方案時，利用「根本因」方法顯示你們對問題的看法一致。
- 與其抵制或批評一個有瑕疵的解決方案，不如利用「衝擊」技術顯示該計畫的風險，然後將對方重新引導到可行的解決方案。
- 運用「假設」技術來克服阻力，請對方先想像某個計畫的好處，然後協力克服障礙。

- 當你有多個利益關係者在相互競爭時，運用「共同準則」策略，使他們一致支持可能性最高的解決方案。
- 當其他方法都失敗時，你要「承認誤解」，盡量以詢問的方式釐清疑慮，找出哪一種方法能幫助你解決問題。

Part 3

讓衝突制度化

CODIFYING CONFLICT

引言

在Part 2中，我分享了「衝突密碼」——先建立正確的基調後再深入探討論點。利用「衝突密碼」能將許多潛在的衝突從敵對的爭論，轉化為冷靜與合作的協商會議來解決問題。

「衝突密碼」可以建立溝通管道，建立穩固的關係，並為解決方案做出貢獻，這絕對有效，你只需要多用點心思。如果你在組織中必須歷經每一個衝突過程，你會筋疲力竭。我們將在part 3重點介紹你可以採取哪些措施將衝突制度化，使它成為團隊標準作業流程的一部分。我們會先討論如何透過對團隊中的每一個人設定期望來減緩衝突。接著，我們會探討一個使緊張關係正常化的流程，因為這種張力如果不標記清楚，可能演變成不健康的衝突。最後，我們會討論如何建立一種健康的衝突習慣，增加衝突的頻率但減少衝突的影響，直到你幾乎完全不會注意到它。

注意：第七章和第八章將著重在你的整個團隊的工作流程。如果你是團隊的領導者，你可以召開會議開始著手進行。如果你不是團隊的領導者，你可以將這些流程分享給你的管理者，鼓勵他們試用這些工具。無論你是不是團隊的領導者，你都能獲得許多實用的點子，並在第九章中準備就緒。

開始進入 Part 3 之前請先閱讀本文

我很高興你已讀完本書的前兩篇！在 Part 3 中，我們將深入探討可以使你的團隊用來擺脫衝突債的流程與工具。我將分享我的秘訣，告訴你我如何協助團隊將衝突體系化，減少對人員的傷害。

我已在每一個章節與附錄中分享完整的指導，如果你在採行這些方法時還想要有更多的協助，請造訪我的網站。你會在那裡找到許多免費的資源（部落格中有四百多篇可搜尋的文章），甚至還有一個便利的電子版本會議（eLearning），你可以在下一次團隊開會時使用。

希望能聽到你對這本書的讀後感！

黎安

P.S. 你可以寫一篇書評嗎？在亞馬遜網站上分享你的評論能幫助我們獲得有效益的衝突的相關訊息。如果你願意花幾分鐘時間在亞馬遜網站留下一篇評論，我會很感激！

LianeDavey.com

第7章
闡明期望

加拿大一個政府部門的領導團隊在一次場外會議上和我相對而坐，這個團隊由五位主任和他們的上司（執行主任）組成。場內瀰漫著一股令人沮喪的氛圍，這項會議已拖延許久，但這是他們第一個不得不聚在一起開會的機會。很快的，其中一位主任瑪莉亞告訴我這是怎麼回事。

「這真是個充滿壓力的工作。我們的職務——醫療保健，是整個政府中最受矚目的部門，媒體正在仔細檢驗我們所說和所做的一切。我們的分析團隊資歷較淺，身為他們的領導者，我們老是要為他們的鬆懈負責。我累死了！」

「多告訴我一點。」我鼓勵她。

「好吧，我舉一個上週發生的例子。有一天下午六點，我收到一份內容有誤的簡報，但第二天早上七點內閣部長必須用到這份簡報，我只好連夜修改。這種情況一個星期會發生許多次，我累死了！」

瑪莉亞的故事緣自資歷較淺的下屬工作品質不良，導致主管增加許多額外的工作量。我知道這件事不能光看表面。誰都不會把事情做得漏洞百出，它的背後肯定還有其他原因，這時候應該多提出一些問題。「上星期是誰給妳這份部長的簡報草稿？」

「被指派製作簡報的政策分析師。」她說。

「喔，這些政策分析師負責向妳報告嗎？」

「不，他們向部門主管報告，然後主管再向我報告。」

我很驚訝。一線分析師沒有將他們的工作交給主管審核就直接呈交給主任。這是問題1。

執行主任
辛蒂

主任
瑪莉亞

經理
羅伯特

政策分析師
柴克

我繼續深入探究。「妳在收到的草稿中發現什麼錯誤？」

「問題很多。我上週收到的那份分析報告沒有包含其他案例的相關先例，它沒有切中政府的策略，也沒有把握到問題重點，甚至連文法和格式這些基本的東西都很糟糕。我花了兩個小時去修改一份簡報，一直工作到深夜。」

「讓我們倒帶，妳把這件簡報的事從頭說起。」

瑪莉亞開始回憶上週發生的事件，我在此簡短敘述。執行主任辛蒂星期四接到內閣部長辦公室傳來的訊息，稱部長已同意在下週三發表一篇演說。辛蒂將這封電子郵件轉寄給瑪莉亞，瑪莉亞再將它轉寄給政策分析團隊經理羅伯特，羅伯特再將它轉寄給分析師柴克，指派柴克負責草擬這份簡報。柴克在星期五當天很晚才接到這個任務。到了星期二下午六點草稿完成時，羅伯特已經離開辦公室，於是柴克將簡報草稿直接呈交給瑪莉亞，瑪莉亞覺得她必須改寫這份簡報後才能將它交給部長。

她一邊敘述，我一邊想像可憐的柴克接到這封經過一再轉寄的「請處理」原始郵件的畫面。我想像羅伯特的郵件上頭寫著「請見下文」，底下瑪莉亞的郵件寫著「羅伯特，你可以請你的人員準備這份簡報嗎？」辛蒂的郵件上一個字也沒有，只有自動簽名：「謝謝。辛蒂。」最底層也許有幾段部長辦公室對這件事的簡短說明。這個任務就全部落在柴克一個人身上。

整個情況為衝突做了安排。你能從中找出幾個醞釀中的衝突？首先，這些領導者都沒有提供製作簡報所需的背景或定義，以便指導下屬如何把工作做好。第二，柴克沒有弄清楚誰要這份簡報及簡報的內容就接下這個任務。第三，柴克的經理羅伯特在文稿送達瑪莉亞手上之前，沒有在審核文稿一事上做出任何貢獻。第四，瑪莉亞沒有讓羅伯特或柴克參與修改過程，而是自己修改，使整個情況又再次發生，結果導致各方面都效率低落，不滿也隨之而生。

瑪莉亞對柴克感到失望，因為她收到的文稿品質不佳，並且對羅伯特讓這份文稿以如此粗糙的樣貌交到她手上而氣惱。羅伯特對柴克交出品質不佳的工作感到沮喪，柴克則對羅伯特事後才告訴他對簡報內容的期望而感到憤怒。羅伯特則為瑪莉亞與辛蒂期待他交出她們過去從未要求過、他可能也不了解的簡報內容而深感挫折。每個人都有難言之苦，並為此而怪罪他人。

問題的一部分是如果沒有一個標準的闡明期望的方法，那麼每次要推動一項計畫時，你都不得不展開對談，這需要花很多時間與精力，這在一個忙碌的工作環境中是個很大的要求。你需要一種將這些對談系統化的方法，這樣就不必每次都必須重複這些對話。

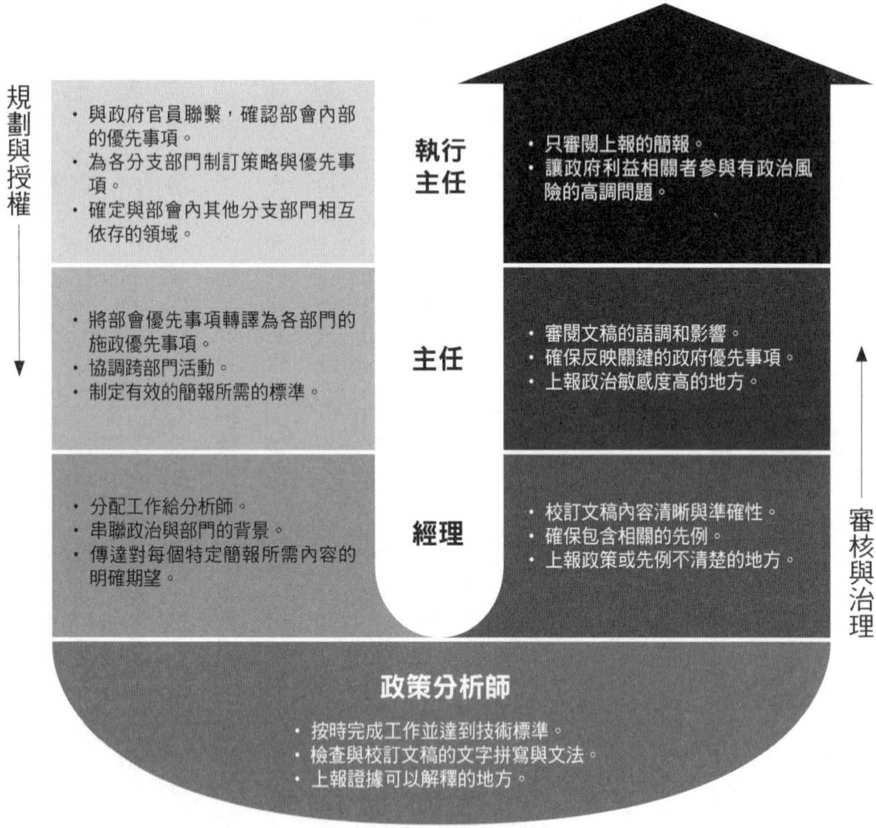

規劃與授權

- 與政府官員聯繫，確認部會內部的優先事項。
- 為各分支部門制訂策略與優先事項。
- 確定與部會內其他分支部門相互依存的領域。

執行主任

- 只審閱上報的簡報。
- 讓政府利益相關者參與有政治風險的高調問題。

- 將部會優先事項轉譯為各部門的施政優先事項。
- 協調跨部門活動。
- 制定有效的簡報所需的標準。

主任

- 審閱文稿的語調和影響。
- 確保反映關鍵的政府優先事項。
- 上報政治敏感度高的地方。

- 分配工作給分析師。
- 串聯政治與部門的背景。
- 傳達對每個特定簡報所需內容的明確期望。

經理

- 校訂文稿內容清晰與準確性。
- 確保包含相關的先例。
- 上報政策或先例不清楚的地方。

審核與治理

政策分析師

- 按時完成工作並達到技術標準。
- 檢查與校訂文稿的文字拼寫與文法。
- 上報證據可以解釋的地方。

圖表 7-1

「U」工具

在一個部門內，許多潛在的衝突都可以在問題出現以前，透過闡明角色與設定期望來消除衝突。你不先經過溝通就有所期待，無疑是為你自己和你的團隊製造不愉快的衝突。如果每個人都很清楚自己的角色和被期待增加的價值，他們比較不會失望，或使團隊中的其他人對他們失望。另一個好處是，闡明期望也能使人快速行動和交出高品質的作品。

我研發一種工作流程來協助你闡明你對你的團隊的期望，並為它取名叫**「U」工具**。我知道，這不是一個最性感的名稱，但不要被它愚弄了。「U」工具是一種驚人的有效方法，不但能避免衝突，同時還能改善工作品質。我已將你和你的團隊一起完成該工具的所有說明都收錄在附錄A中。

「U」工具幫助你記錄兩件事：（一）對不同級別的描述：你希望從部門的各個級別獲得什麼特定的回饋（包括你對上級的需求、你的團隊將增加什麼價值，以及你對你的下屬的期望）；（二）對「U」兩側（左側和右側）的描述：應該在什麼時候增加價值——在策劃與委派工作之前，或在工作被審核並批准之後。圖表7-1是為前面所提的政府部門案例所做的一個簡化的「U」工具實例。

如果每個人都確認自己的角色和被期待增加的價值，他們比較不會失望，或使團隊中的其他人失望。

「U」工具是個很好用的工具，因為它闡明了你從未表達的對他人的期望。當你有所期待卻沒有表達時，你會為自己和你的團隊製造不愉快的衝突。我鼓勵你透過附錄A中的「U」工具練習，傳達你的團隊彼此之間需要什麼以支持有效的執行。

常見問題

自從第一次開發「U」工具迄今，十年來我已和數十個團隊合作，每一次運用「U」工具都能幫助團隊了解正在醞釀的衝突並予以改變，使他們得以在衝突發生之前阻止它。這裡有幾個你或許會遇到的常見問題，以及如何利用「U」工具來消除衝突的相關建議。

你有一個缺席的老闆

我最常看到的問題之一是領導者花太少時間與精力在「規劃與授權」（「U」的左側）上面，這在優先事項激增、已被忙碌的文化控制的組織中尤為常見。如果你能舉出幾種你**希望**你的老闆給你、但他沒有給你的回饋，你就會知道你的團隊有這個問題。上述政府部門的案例就是這種情況。指派工作時不事先交代背景或指示，事後的結果就會令人感到悲痛。我深切體會到「U」左、右兩側的關係緊密相連，事前不交代背景與指示，只會增加後面的工作量與修改工作。如果你沒有從你的老闆那裡得到你需要的東西，這個「U」工具是個很好的對談開端。

你可以按照以下方式提出話題：「最近我注意到我們的工作效率和效果都不如我的預期。我們在事後做了許多檢討，結果使團隊產生摩擦。為了補救，我們做了一個練習，闡明期望，並讓大家更了解誰需要做什麼。其中有一件事是，我沒有把您的期望解說得更清楚，我想這是為什麼我們有時沒有達成目標的原因。我給您舉幾個和資訊有關的例子，從您那裡得到這些資訊十分重要……從現在起，我要如何才能從您那裡得到這些資訊？」

注意：你沒有責怪你的老闆沒有給你所需要的東西。相反的，你承擔沒有提供你的團隊所需的東西的責任。這是第六章「承認誤解」中所闡述的衝突策略。

如果你想更具體一點，可以舉一個例子協助你的經理了解忽略「U」左側「規劃」那一邊的影響。「上個月我們提交新店面的開張計畫時沒有納入生鮮食品的格式，因為我們不知道執行團隊已經改變策略。事後我們修改計畫，結果進度落後了兩星期。我怎樣才能事先得到這一類訊息？」把焦點放在規劃不足所造成的影響。如果你和你的老闆關係穩固，你還可以加油添醋，強調進度被迫延宕數週對員工士氣的影響。主要的目標是協助你的老闆了解他必須提供什麼給你才能成功。

如果你將這個「U」工具分享給你的老闆，另一個可能性是他會說你對他要求太多，因為他會期待你做的是當初你認為是他的決定的事。正如你會希望你的下屬站出來承擔更多責任一樣，你的老闆也會這樣期待你。「U」工具能為這樣的對談提供很好的切入點。

增加錯誤的價值

完成「U」工具練習時最常暴露的問題也許是微觀管理（micromanagement），我稱之為「脫離U」。如果你有逐漸脫離「U」的問題，你會在兩個地方看到它。首先，你會看到你忽略的責任區。你沒有花足夠的時間在「U」左側的活動上。通常，這些活動是屬於比較長期的，而且本質上偏向外部的問題。這些問題在時間上沒有你試圖推動的成果那麼緊迫，所以你對它們的關注較少。其次，你會發現你很難區分什麼應該是你的責任，什麼應該分派給你的下屬（第三排以下的活動）。這可能意味著你錯失賦予他們權力的機會，影響他們能夠做與應該做的決定。無論如何，「承認你有問題是第一步」。

在錯誤的級別增加價值，可能為你的團隊製造嚴重的衝突。首先，當你忽略策略性問題時，你無法為你的團隊提供他們需要的指示與背景。在這種情況下，**你**會成為缺席老闆，為你的團隊預設失敗。另一個問題是，當你深入探究屬於下一個級別的問題和選擇時，你會剝奪負責做這些決定的主管的權力。我甚至看過比個人貢獻者高出兩個級別以上的主管侵犯其工作。我有個客戶也囁嚅地承認，他曾經「被打趴到U的最底層」，同時讓他團隊的權力降低兩個級別。

你必須解決你在兩個級別中增加的錯誤價值。首先，舉出一個令人信服的實例，顯示為什麼你必須花更多時間履行你職權範圍內的責任。你要和你的團隊會談忽視這些問題的影響，並規劃哪些類型的討論比較好，然後建立論壇，在論壇中優先討論當天最重要的問題。以我的經驗，如果你把長期的、更具策略性的問題硬塞入這些討論中，結果不可能成功；緊急作業問題幾乎永遠需要優先考慮。反之，你應該為策略性問題規劃年度工作時間表，然後每次至少撥出半天時間只關注未來的方向。

你將面對的第二個問題是：為什麼你會覺得你不得不接管你下屬的工作。這需要一些心靈探索，在某些情況下，微觀管理很可能與團隊剛成立不久、成員仍在學習他們的角色有關。如果你對你的下屬還沒有信心，你自然會干預他們的工作。但是記住，你替他們做他們的工作不會幫助他們發展更快。坐在乘客座上不可能學會開車。干預太多的結果，你可能注定在未來整天忙著做他們的工作和你自己的工作。相反的，你應該研擬計畫培養他們的能力，並逐漸賦予他們更多自主權。

不幸的是，許多有微觀管理問題的領導者沒有諸如「能力差距」這種合法的東西去歸咎「脫離U」。反之，他們堅持在令他們感到安心的級別上增加價值，努力提升到更高的領導水準。我經常在那些喜歡具體、有形的任務勝過抽象任務的領導者身上看到這種現象，他們重視應變與行動更勝於審議與規劃。如果完成「U」練習有助於你意識到你正在錯誤的級別上增加價值，要問自己為什麼，並開始做一些小改變，重新導向你的注意力。你將注意力聚焦在錯誤的級別上越久，你的衝突債就累積越多。

你的下屬沒有達到你的期望

完成「U」練習後，經常會發現的另一個衝突來源是：你的下屬總是無法達到你的期望。在這種情況下，「U」的「審核與治理」那一邊（右側）的對話會格外激烈。本章開始時所舉的案例就是這種情況。瑪莉亞對個人貢獻者柴克和柴克的經理羅伯特感到失望：柴克交出品質低劣、不符合部長需求的文稿，令瑪莉亞失望。羅伯特疏於職責沒有進行第一輪審閱，以致瑪莉亞不得不自己修改文稿內容與拼寫及文法，為此感到失望。不知道為什麼，失望對團隊的影響甚至比憤怒的危害更大。不要預期團隊中的人會讓你失望。

如果你的團隊發生這種情況，你的精力和注意力應該專注在設定正確的期望上，然後提供支持與資源，讓你的團隊達成這些期望。首先，在你的部門的所有級別上使用「U」練習，互相交流你在每個級別上尋找的價值。你要敞開心胸聆聽他們陳述你的期望不合理的心聲。你可能會得知，你的期望與相互競爭的優先事項、資源缺乏、能力不足，或其他次優先的實際情況有所衝突。如果你想減少團隊中的衝突，當你在設定期望時必須考慮到所有這些因素。

即使是最合理的期望，你團隊需要的指示與引導也可能比你提供的還要多。你可以請他們就你的管理方式提出回饋意見。你的團隊是否因為得到足夠的投入與指導而增加信心？如果沒有，要刻意更頻繁檢查，以確保他們以正確的腳步朝正確的方向前進。如果目前的方法行不通，「檢查」能給你機會去改變方針。也許你的計畫需要更多資源才能達成目標，但如果你有檢查，你就有機會改變方向，而不至於最後感到失望。

一個憤世嫉俗的領導者如果在失望之餘仍繼續前進，他會認定這證明沒有人值得信任。如果你希望你的團隊持續達成你的期望，你必須學習與調整。利用「U」

工具進行對話，討論你們如何增強能力、促進溝通、獲取資源、修訂時間表，並且做每個人都更容易交付而不是令人失望的事情。

過分深入查核的老闆

團隊衝突的另一個常見來源是過分深入查核下屬的老闆。我的意思是，一個領導者看到他不樂見的結果（例如一份報告、一通憤怒的顧客投訴電話、一個決定），就跳過「U」當中的一個或多個級別，自己直接從源頭去修正它，使個人貢獻者和被排除在外的經理在面對憤怒的老闆時倍感挫折。幸好，有幾個方法可以減少老闆過分深入查核而造成摩擦。

首先，要認識到過分深入查核通常是因為領導者接到令人不快的意外所引起。減少這種情況的方式是減少意外，讓每一個相關人員都了解哪幾種問題會牽涉到老闆。你可以利用「U」練習討論領導者在計畫階段設定門檻的重要性。這意味著當你在設定目標時，要為每一個級別劃定可以讓他們的下一個級別自主管理的範圍。譬如，假如你設定每個月的銷售目標是三百萬美元，如果有一天的銷售額低於運行速度，你的下屬無須向你報告，但如果連續三天的運行速度都下降百分之二十以上，他們就必須向你報告。這些上報（升級）標準可以記錄在「U」的右側。

另一個減少過分深入查核的技巧是建立一個範本，在結果超出門檻範圍時供下屬使用。這個範本應該先列出老闆通常會問的問題，這樣老闆就會知道即使他不干預，他的下屬也會注意這些事情。這個範本應該結合成功與門檻的推估。例如，如果「低於門檻」指的是比三百萬美元的運行速度減少百分之二十，經理就可以在範本中提示，如：「對於任何低於門檻的銷售結果，應提出交易量與其他任何潛在因素（如：天氣、假期）的相關報告。」範本中有明確的敘述，你就可以知道，無需你的介入，初級分析也能讓你感到安心。

一旦確立這些與上報有關的期望後，就要慎重考慮獎勵正確的行為。當你的下屬向你報告公司面臨財務、營運或聲譽上的具體風險時，你要迅速獎勵他們據實報告。你也許會為這個問題而感到沮喪，但如果你發怒，只會阻止將來的透明度。同時，你也必須阻止英雄主義。如果你發現某個團隊成員一直在隱瞞消息，希望自行解決問題之後再公開，你必須明確表示這種行為不可接受，其結果將導致未來削減自主權。

還有一種常見的情況是你覺得你有必要管理那些瑣碎的事。如果需要深入查核，請遵循以下的參與法則。首先，除非建築物發生大火，否則先詢問，不要貿然衝撞責任方之後自行解決問題。其次，指派一個人調查問題，然後將明確的事實帶回你的團隊。不要利用開會時間臆測你無法在會議室解決的問題。第三，通知經理，你要和他的員工談話，這樣他才能提供你背景，並協助他的團隊。第四，閉上嘴巴，讓別人告訴你。你最近幾天也許與公司的作業有點脫節，所以首先要多聽、少說。第五，一旦解決問題，就要關閉火線和他們的管理者的迴路，不要讓同樣的事情再度發生。在我們以績效為導向，高度負責的工作環境中，偶爾深入查核是合法的，但是要在有必要時才深入查核，將沒有效益的衝突減到最低。

回饋與修改，會使團隊感覺被否定

這裡值得注意的最後一個衝突來源是：一個人提出工作草案後，他的期待與現實產生落差。我很驚訝人們常在收到上級的回饋與建議後感到沮喪。我親眼目睹人們向他們的領導者呈現作品，卻在得到回饋意見並要求他們修改後感到心灰意冷。他們期待聽到一句「幹得好」的讚美和一顆金星，但顯然沒有人費心將他們的期待調整為與「審核與治理」中的事項保持一致。

「U」的右側記錄工作在「審核與治理」過程中增加的價值。雖然高績效組織更重視在計畫階段增加價值，而不是等到事情出了問題之後，但闡明後續的管理階層將如何增強工作草案仍然十分重要，即使下層員工完全按照預定計畫進行他們的工作。不幸的是，有些團隊設定這樣的期望：只有在工作品質不佳的情況下領導者才需要參與。

幸運的是，這些錯誤的觀念可以透過對談來解決。利用「U」來定義什麼是品質良好的工作，然後具體說明當工作順利完成時會增加什麼價值。例如，我曾經和一個領導企業資源計畫（EPR）軟體的實施團隊合作，他們研擬了一套很好的計畫提交給資訊長（CIO），他十分讚賞他們的工作品質。同時，由於他也參與執行團隊，知道一項創紀錄的高產量進度表將使團隊培訓大批人員的計畫無法如期實施。他表達了他的憂慮，於是團隊共同規劃一個不需要太多人員在同一時間離開工作崗位的計畫。如果每個人從一開始就知道上級對他們的期望，像這一類的修訂就不會再引起摩擦。

其他需要探討的問題

以下是你繪製了你的「U」圖後可以討論的一些問題。

1. 你對你的部門各個級別如何協作以優化團隊的生產有何深刻見解？

2. 你是否在任何地方脫離「U」，並在其他地方增加價值？這對於工作被取代的人員士氣有何影響？你如何花更多時間在「U」的正確級別上？

3. 你是否發現你沒有對任何級別闡明你的期望？你對那個級別有何新的評價？你如何更清晰地傳達你的期望？

4. 你傾向對「U」左側的工作事項投資不足嗎？你有注意到「U」右側更多工作重做的影響嗎？

5. 你的級別之間有壓迫的現象嗎？你發現自己在增加應該由你的下層級別增加的價值嗎？如果是，是什麼原因？你如何讓你的級別的人退讓，使下層級別的人採取行動？

6. 你有從你的上級得到你需要的價值嗎？如果沒有，你如何提出對談，協助你的團隊成功？

與政府團隊一起運用「U」工具

本章開頭我又回到辛蒂和她領導的團隊的故事。既然你已了解「U」，就可以看出我們可以利用它來解決多少團隊的衝突。首先，辛蒂為了部長而匆忙啟動工作，在這種情況下，她沒有提供任何有關政府策略的背景。身為執行團隊的一員，她可以取得大量資訊以協助柴克做重要的決策。完成「U」練習之後，辛蒂承諾未來她再被指派負責這類工作時，她至少會花幾分鐘時間提供相關資訊。

瑪莉亞承認，她與羅伯特在沒有進一步說明的情況下轉寄辛蒂的電子郵件，並且在沒有建立回饋圈的情況下修改簡報。瑪莉亞做了幾個承諾，這些承諾將使工作更有效率和更有成效。首先，她同意，今後她會利用每週集會的時間召集大家，快速說明該部門內正在進行的新措施，讓大家有個概念。其次，她承諾，如果辛蒂提供的背景不足，她會給她提示。第三，她同意與羅伯特談她對他擔任經理職務的期望，並且會明確告訴他，他在提交完成的工作之前必須先解決哪幾類問題。最後，她同意她會分享她審閱校訂的內容，並協助團隊將它們併入未來的工作中。

討論進行之際，多位主管一致表示他們也遇到簡報未達到標準的問題。他們決定請一位最好的分析師安排一場學習午餐會，協助所有政策分析師改善他們的寫作技巧。這樣，每個人都會了解對工作的期望。他們還希望分析師們能互相支援與幫助，把工作做好。

這些相對較小的改變使團隊的參與感有了極大的轉變。團隊成員不再感到沮喪與失望，現在每個人都知道自己的角色。簡報按時完成，沒有再像以往一樣拖到最後關頭。整個部門比以前更快樂，也更有績效。

許多組織中的文化會導致領導者縮減前置作業，試圖快速推動事情進展。諷刺的是，這種理應更快速的方法，工作所花的時間與事後修改所費的時間，遠比一開始就正確設定工作所費的時間多更多。沒有闡明期望不僅會減緩工作進度，還會在事後引發不舒服的動態（例如：評斷、失望及負面的回饋意見），嚴重影響信任與士氣。花一點時間完成「U」的工作事項，你就可以消除這種無益的衝突。

摘要

- 沒有設定明確的期望將導致工作欠佳與修改，不僅缺乏效率，還為所有相關人員帶來挫折感與衝突。

- 「U」工具透過對你的部門內的不同級別闡明期望，以及何時需要增加價值，協助你消除衝突。
- 「U」可以幫助你從你的老闆那裡獲得你需要的價值，同時阻止令人不愉快的微觀管理與深入查核。
- 你的團隊將更關注你的獨特價值和對你的業務最有價值的活動。
- 透過「U」和你的下屬合作，將使你得以提高標準，設定你對他們的期望。你可以在設定期望的同時挑戰、批評、改善團隊的工作，即使他們把工作做得很好。

第8章

使緊張關係正常化

我正和一家大型食品加工廠的執行團隊合作。由於公司執行長傾向當眾不留情面，導致部分團隊成員有自我保護的行為，因而養成極不健康的團隊狀態。大部分團隊成員都是聰明又合作的人，但老闆求好心切的無情壓力已損他們為團隊付出的意願。

我從他們的每週一次例行團隊會議中觀察到一個功能失調的完美實例。銷售部副總經理非常興奮，因為他剛在美國獨立日接到一筆一百萬根肋排的訂單，國內一家大型連鎖超市希望在他們的節日傳單首頁上展開促銷，這是個好消息！

或者不是？

營運部副總經理看起來一點也不興奮。我問他為什麼，他指出這麼大一筆訂單將為他的工廠帶來巨大的衝擊。「首先，切割肋排需要密集的人力，我們昂貴的生產線必須連續幾個星期每天三班輪流才能完成如此龐大的工作。其次，豬隻不是以肋排那樣整片整片送來，切割後剩下的碎肉我要如何處理？我很擔心這會影響我們的第二季度的效率。」

難怪營運部副總經理對這筆訂單不太熱中。從他的觀點來看，這對於實現他的目標構成極大的威脅，難怪他會裹足不前。這個決定本身不僅造成摩擦，而且它成為團隊的一項「既定事實」也讓他有被冒犯的感覺。這位營運部副總經理是一個有強力團隊合作精神的人。他不想惹麻煩，但這對他的整個部門肯定是個頭痛的問題。他有好幾次一下子身體往前傾，一下子又往後靠，似乎在猶豫要不要發言，顯然對於他是否應該據理力爭，或乾脆服從，讓他的團隊承擔後果而感到十分苦惱。

這是一種常見的情況：對一個團隊成員有利的事，卻對另一個成員不利。如果沒有建立適當的溝通管道、流程或語言來建設性地解決衝突，許多人會排斥並自我封閉。不幸的是，在這種情況下，問題和敵對並沒有消失，它們只是被放置了。沒有能力或不願意建設性地解決跨職能團隊的緊張狀態，可能會導致被動型攻擊行為，最終引爆憤怒和指責，萬萬不可忽視這種狀態。

我不斷地試圖說服團隊，增加他們的生產力和員工參與度的秘訣是有**更多的**衝突，而不是減少衝突。回想過去，跨職能團隊是司空見慣的事，組織通常依序執行計畫，研究與發展會產生一個構想，然後提交給製造部門，接著交給行銷部門，最後來到銷售。如果銷售與行銷部門對這個產品有意見，公司會想盡辦法（和花費）

大力支持修正過程。跨職能團隊將各方聚集起來建立一個論壇，分享各種不同的觀點與辯論，建構出一個最好的辦法。衝突與緊張關係不是跨職能團隊的**對立面**，它們是團隊的**主要優勢**之一。如同現代的「酷孩」所說，衝突「是特色，不是錯誤」。如果跨職能團隊是為衝突而設計，為什麼不讓它發生？

當我嘗試去了解「沒有團隊衝突」的意涵時，我立即想到那個「討厭的迷你委員會」，以及它們對我們一輩子厭惡衝突的長久貢獻。但我們不應該完全指責它們，還有其他的聲音也在告誡我們要避免衝突。我們談論工作團隊時使用的語言和隱喻，同樣可能使你避免意見分歧。我們的團隊形象是和睦相處，朝同一方向前進，而不是衝突。我個人最喜愛（我是指著迷）辦公室牆上那張一群人在平靜的蔚藍海上划槳、同時激起漣漪的海報，海報下面一行醒目的字寫著：「**團隊合作**」。

這種形象對大多數人而言，寓意著我們都「在同一條船上」，但對於有團隊合作精神的人而言，它寓意著我們必須「朝同一方向前進」。我們需要一個新的隱喻。

「防水布」

我花了很長時間才終於找到這個故事。

幾年前，我和丈夫克雷格帶著兩個女兒去露營。那是一處風景如畫的湖邊露營地，十分美麗。一切都很美好，直到氣象報告帶來暴風雨即將來襲的消息。那是一場**大**風暴。我望著覆蓋在帳篷頂上脆弱的遮雨篷，想像被水浸濕的睡袋和兩個孩子哭泣的畫面，於是我們開車到附近鎮上買了一張更大、更結實的防水布來加強保護。我願意花錢買一張巨大的防水布來覆蓋整個營地，以避免那個可怕的、濕透的感覺，但因我們去得晚，唯一能買到的防水布比我們的帳篷大不了多少，我們必須費力安排才能為我們的帳篷提供防雨保護。

回到營地時，我們張開防水布，防水布四個角落的金屬釦環上各有一條繩索，於是我們四個人各抓住一條。我們將防水布張開，盡可能將它覆蓋在帳篷上。我們是一個團隊嗎？當然，我們是一個團隊。我們有共同的目標，而且我們相互依存。那是我的著作（以及這本書）中所說的團隊。我們朝同一方向前進嗎？**不是？**慢點，你說什麼？一點也沒錯！你們可以在同一個團隊內，但是朝不同的方向前進。你可以是一個有團隊合作精神的人，但仍然和你的隊友之間保持張力。

在我結束這個防水布的隱喻之前，我們的露營故事還可以教我們更多課題。首先，如果一個團隊成員比其他人用更大的力氣拉扯，結果會如何？如果一個成員的力氣大於其他隊友呢？結果是他會把防水布一角的金屬釦環拉斷，還會使團隊中力氣較小的成員跌個四腳朝天。

這也和工作團隊發生的情況相似。一個聲音更大、力量更大，或更有知識的人會使討論失去平衡，不僅使其他人受到傷害，最終防水布通常無法完全覆蓋帳篷……也就是說，最後的決議不會使工作最佳化。每一個團隊成員都必須謹慎保持參與的平衡性，不要壓倒其他團隊成員。

從我的故事還能學到另一個課題。如果其中一個團隊成員感到厭煩，翻白眼，然後拂袖而去呢？如果其他人都興致勃勃地拉著繩索，他卻放開他手上的繩索呢？防水布的一邊鬆開了，留下帳篷的一隅暴露在風雨中，這樣也不行。

如果有人不願意拉著他們的繩索，也許是因為他們覺得自己的少數觀點沒有被重視，或者他們對激烈爭辯感到厭煩，或者因為他們不聲不響地加入混戰，使團隊又回到決策只能局部最佳化的狀態。當跨職能團隊的成員在討論中停止施加壓力時，問題的某一個重點會被忽略，使團隊暴露在風險中。

為了從團隊內部取得最好的答案，你們必須朝不同的方向努力，永遠要優化系統的張力——力道不能太大使整個團隊偏離航道，也不能太輕使你負責的那個角落沒有被覆蓋到。有效的張力就應該像這種感覺。

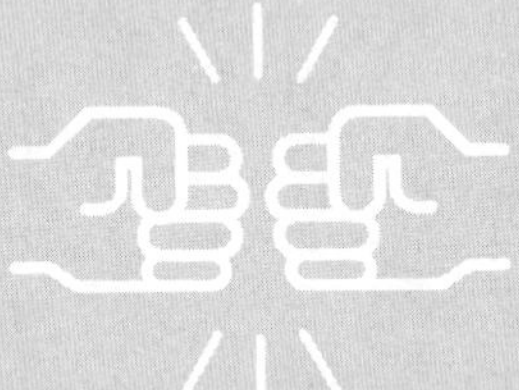

衝突與緊張關係不是跨職能團隊的對立面，它們是團隊的主要優勢之一。

我創建了一種工具和流程，你可以利用它使團隊的緊張關係（或稱張力）正常化，而這種張力應該是一種健康的團隊動態。「防水布」工具可以幫助你記錄兩件事：（一）你從跨職能團隊的每一個角色得到的獨特價值；（二）每個角色倡議的主題與利益相關者，和團隊中其他角色倡議的主題與利益相關者的關係緊張。「防水布」工具協助你使你的團隊內部的緊張關係正常化，這樣才不會導致缺乏效益的衝突。我已將完成「防水布」的所有操作指南收錄在附錄B中。圖8-1顯示本章開頭接到肋排訂單的食品公司所完成的「防水布」實例。

從「防水布」學習

「防水布」是我最喜愛的工具之一，因為它使一種你可能已有多次感覺的東西一目了然……有時你們之間真的有一種張力！如果你以為每一個人都必須朝同一方向努力，一定會給團隊帶來問題。划槳手朝同一方向划船的圖像，會使人認為持不同的意見是錯誤的。但是當你們拉開一張防水布時，你們有一個共同的目標，就是盡可能覆蓋最大的範圍（例如最大的收入、最高的顧客滿意度等等）。為了達成這個目標，你們各自朝不同的方向努力，從而形成一種張力。

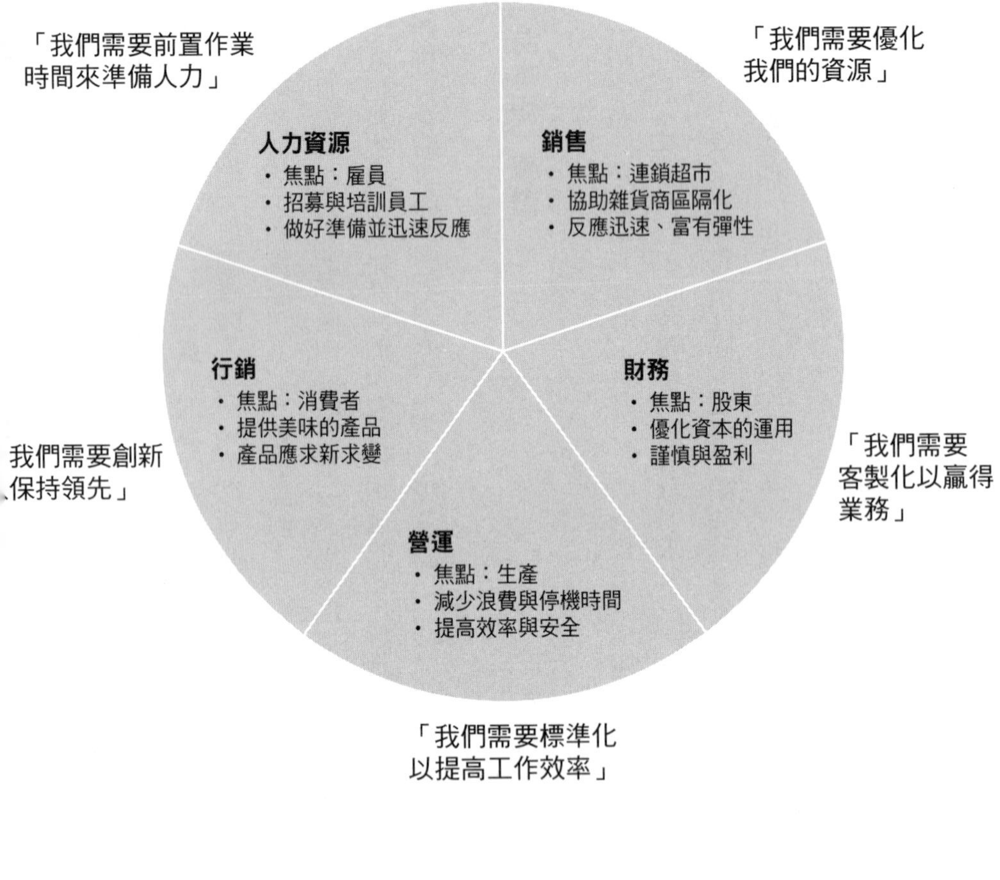

「我們需要前置作業
時間來準備人力」

「我們需要優化
我們的資源」

人力資源
- 焦點：雇員
- 招募與培訓員工
- 做好準備並迅速反應

銷售
- 焦點：連鎖超市
- 協助雜貨商區隔化
- 反應迅速、富有彈性

行銷
- 焦點：消費者
- 提供美味的產品
- 產品應求新求變

「我們需要創新
保持領先」

財務
- 焦點：股東
- 優化資本的運用
- 謹慎與盈利

「我們需要
客製化以贏得
業務」

營運
- 焦點：生產
- 減少浪費與停機時間
- 提高效率與安全

「我們需要標準化
以提高工作效率」

圖 8-1

當每個人施加適度的力量時，防水布能覆蓋最大的範圍，並停留在目標上。如果有一個人或更多人在自己負責的角落拉得太用力，防水布就會偏離中心，或使對方失去平衡；又或者如果一個人或更多人拉得太輕，或同時放手，防水布也會偏離中心，使某個角落暴露在風險中。

團隊的每一個成員都必須知道他們應該拉哪一條繩索（知道自己角色的獨特價值和對團隊的義務）。他們必須用足夠的力量拉自己的繩索，對團隊施加壓力（坦率表達問題，必要時提出異議），同時還必須監控，確保自己不會因力量不足而造成傷害（針對問題發表意見，並為不同的觀點保留空間）。身為團隊的領導者，你必須主動積極管理這些張力。

透過「防水布」練習可以學到許多課題。我鼓勵你去探索它們，並繼續討論你們在互動中的健康張力。

常見問題

每一個使用「防水布」的團隊都能獲得如何妥善管理緊張關係的新見解，這些討論有些是容易的，有些則挖掘出許多年因沒有被表達出來的誤解與溝通不良所產生的敵意。以下是幾個你可能會發現的常見問題，以及如何利用「防水布」使團隊成員之間的有效益衝突正常化。

有人用力過猛

一個具有建設性的跨職能團隊會面臨較明顯的威脅之一是：拉繩索時有人用力過猛。如果有一、二個人主導你們的討論，無論是占用大部分時間，或者大聲說話，或者語氣充滿挑釁，這都是可能會發生的問題。過於獨斷的團隊成員可能會動搖對談，將對話導向他們的觀點，危及決策的品質。

與團隊中的每一個人一起完成「防水布」練習，將有助於強勢獨斷的成員看到每個不同觀點的獨特價值。對許多人而言，增加理解會使他們稍稍讓步。完成「防水布」練習後，如果有人仍然用力過猛而使你們的決議偏向一邊，那麼檢查他們的投入就十分重要了。

如果問題只是這個人搶著發言，你可以用正式的方式重新平衡每個人的發言，讓與會者在開會之前以書面方式提交所有問題，再利用會議議程限制每個職能部門的發言時間。調整議程，讓影響力較小的人員或角色先發言。利用正式的決策流程，先掌握各職能部門的觀點，最後再商議決策。如果那個太獨斷的人中途插嘴，你可以這樣說：「我們已經在第一輪通過了以你的立場發表的觀點，在我們進行第二輪討論之前，我想聽聽其他職能部門的看法。」利用任何可用的技術來平衡每個人的參與。

如果問題不在於時間，而是說話的語氣，那麼一開始就要先為你們的討論設定基本原則。我就曾經在完成「防水布」練習之後成功地將這種討論調到正軌上。你可以先詢問每一個人，了解你應該如何與他們互動才能使你們的討論有最理想的張力。我得到一個簡單的提示：「為了使『防水布』在我們的團隊中發揮效益，我們必須減少○○，增加○○。」這樣可以製造機會讓大家討論導致「防水布」偏離中心的行為。當你這樣做的時候，你要想一個安全的語彙，在他們違規時大聲疾呼。它可以很簡單，譬如：「你太用力了。」

如果你想提早管理不平衡的貢獻但效果不彰，這時就要私下尋求回饋意見，了解這個人主導團隊的負面效應。你可以試著這樣說：「今天早上我們在討論更改價格時，你有一半的時間在談論如果不漲價，我們的營收將面臨何種挑戰。我沒有聽到面對顧客的一線員工提到價格變動將如何影響他們，所以我不太放心進行你的計畫。你是否可以提出更多不同的觀點？」

身為管理者，你也應該認真思考如何解決這個問題。如果團隊成員格外用力拉他自己的繩索，通常是因為他們認為成功的衡量標準是自己所屬的部門可以發展得多遠，而非整個團隊的決策品質。他們的看法也許是對的。如果目標和指標只聚焦在這個人對他所屬部門的貢獻，那麼很難指責他們竭盡全力拉他們自己的繩索。一個單靠營業收入得到獎勵的人，可能會樂於犧牲利潤來促銷產品。所以你要開始注意你獎勵什麼行為，並輔導這個人在擁護自己所屬部門和重視整體團隊利益的視角之間取得平衡。當他們為了使團隊更好而對決議讓步時，你要找機會認可他們。如果你想要的是促成團隊獲勝而不是個人獲勝，你必須停止散發對立的訊息。

有些組織會整體偏向「防水布」的某一側。我遇過一些組織，他們的銷售部門主導每一次討論，導致營運與客服問題產生差距。還有一些案例，如財務、風險或法規這些管控部門，主宰決策幾乎到了不可能推動成長的地步。我先前提到的那位風趣的客戶就戲稱風險與法規部門主管的頭銜應該改成「妨礙業務副總」——你很難對抗已深入文化的偏差行為。

如果你的組織有這種趨向，你必須把握每一次可以討論如何優化團隊內部張力的機會。利用第六章中討論的影響策略，針對過度偏重某方的風險展開對話。例如，銷售人員以他們無法兌現的承諾推廣陷入困境的業務時，你可能要問：「如果我們無法在六週內完成訂單，如何對顧客促銷，使這檔銷售能列入第一季度？」你不會在一次對話中就改變公司的文化，但至少可以開始讓那個強勢的團隊明白，這個問題另有其他的視角。一段時間之後，你就可以教育他們在他們的決策中考慮其他因素的好處。

多個同類角色

如果你管理一個有多個同類角色的團隊，想保持觀點平衡可能會有困難。我經常被要求協助這種團隊，因為他們容易發生不健康的衝突。案例包括一家零售銀行的領導團隊，該團隊由六位地區領導人，外加產品、策略、人力資源、財務這些核心部門各派一位主管共同組成。另一個案例是資訊科技的領導團隊，其中可能有四個業務夥伴，他們分處於不同的業務單位，外加隱私與安全、基礎設施以及架構部門的主管。當你的團隊中有多個同類角色時，它會打破討論的平衡性。

這種結構的問題之一源自於我們的基本假設：人人都應有平等的發言權。如果在一場有多個相同角色參與的會議上，每個人都有平等的發言權，那麼單一角色往往會被忽視或冷落。前述四個資訊科技業夥伴不停地討論實施的問題，核心資源代表卻一句話也插不上嘴。這可能導致做出的決策只為多數群帶來短期利益，最終將因低估少數人的觀點而使團隊面臨風險。

如果你領導一個由多個同類角色組成的團隊，你要利用「防水布」練習來呈現這種不平衡，討論如何使你們的決議充分考慮到所有不同的觀點。在確認這個觀點是否代表多數群的每一個人之前，只允許該群組中的一小部分人發言，以此主動積極管理多數群的參與。「好，我們已經從兩位地區領導人口中聽到同樣的事情，你們每個人都同意嗎？」將發言權轉交給不同的角色之前，只允許多數群中持不同觀點的人參與討論。這種方法將有助於確保根據所有的事實與意見而做出決策，而不僅僅是占主導地位的多數群的意見。

有人放掉繩索

不只是那些貢獻太多意見的人阻礙有效的決策，團隊成員貢獻太少也是個問題。如果有一個人或更多人保持沉默，或有人一開始據理力爭，但在團隊達成協議之前就放棄的話，你應該留意。當你的團隊成員停止為他們的立場力爭時，他們會剝奪團隊充分考慮各方面問題的機會。

和貢獻太多意見的情況一樣，透過「防水布」練習展開工作能使每個角色的價值與重要性更清晰。當那些角落族發現保持沉默會損害他們的功能、專長或顧客時，他們也許會更傾向參與。

如果因為有人發言太少，使特定觀點的代表性顯得不足時，你也可以利用你對意見過多的人使用的平衡參與技巧，以會前書面預覽的方式分享沉默寡言的團隊成員的想法，並在議程上為他們規劃時間，讓他們表達他的觀點；或利用結構化的決策流程，徵求每個團隊成員的意見。如果仍有人過於積極參與，你可能必須偶爾提示：「派特，我們還沒有聽到你的意見。」身為團隊領導人，你也可以要求團隊中積極發言的人安靜，使沉默寡言的人更容易加入討論。

如果輕微的慫恿無法改變現狀，你必須尋求私人回饋意見。你可以從溫和的版本開始，例如：「我們在討論改變餐廳布局的計畫時，你對縮減廚房面積這件事沒有任何反應。但你是這項會議的唯一員工代表，我們聽不到這項改變將如何影響他們，下回你可以用不同的方式參與嗎？」

一旦這個人決定他要充分表達意見，你可以提供協助。詢問對方：「你可以做什麼使它更容易？」你也許會發現你主持會議的方式或你參與的方式，使意見表達不平衡的現象更為嚴重。這時你要注意自己的偏見，以及你可能在無意中偏向你了解、欣賞，或激勵你的觀點，因而造成不平衡。身為團隊領導者，你的工作是確保所有相關的觀點都被考慮到以做出最佳的決策。

有時會有一個重要的觀點沒有被任何參與會議的人提出討論，進而使你的團隊容易做出不良決策。如果你的團隊在知識、技巧或觀點上有落差，身為領導人的你必須想辦法填補。如果你們欠缺的是知識，你可能要找適當的預覽資料，讓每個人快速跟上。如果欠缺的是技能，你可能要設法暫時找人來協助。你可以利用約聘或顧問的方式，短期內填補技能方面的空缺。如果欠缺的是觀點，可以邀請貴賓代表重要的股東參加會議。或者你可以指派人員去思考，譬如你的顧客、供應商、合作夥伴，或其他股東。最後，如果你的「防水布」欠缺一條關鍵的繩索而形成空缺，你就必須改變角色或團隊成員。

沒有管理好權衡取捨

一旦進行「防水布」流程，你會了解一個團隊可能有與應該有的狀況與張力。在露營的案例中，防水布必須視風向的變化而重新調整。你的「防水布」也一樣，在不同時間、不同原因的情況下，一個觀點可能取代另一個觀點。這是擁有一個跨職能團隊的好處之一：你可以和在座的每一個人協商這些改變。

當情勢變得僵持不下時，流程會中斷，引發相當大的衝突。「年度目標設定」是限制你管理團隊成員的權衡取捨能力的罪魁禍首之一。這是因為跨職能團隊成員彼此雖然高度依賴，但他們的目標通常是各自設定的。荒謬的是，他們彼此相互依賴，卻不了解每個人的目標。

如果你的團隊有這種情況，可能會導致衝突與不信任。原因不難理解。當一個團隊成員了解他自己的壓力和承諾，但不了解其他隊友的壓力和承諾時，他可能會覺得別人故意漠視他。這位團隊成員會認為其他成員都缺乏同情心，而且「完全不了解」；同樣的，當目標相同，但績效管理是私下進行時，人們通常會覺得只有他們被追究責任。你的團隊成員也許會認為你鞭策他們，卻沒有鞭策其他人。如果你是私下管理團隊績效，他們有這種感覺也就不足為奇了。

利用「防水布」工具可以透過闡明你對團隊健康張力的期望來協助你管理衝突。當你有一個團隊成員用力過猛或用力不足時，「防水布」會產生神奇的效果。當多個同類角色的聲浪淹沒單一角色的聲音時，它會幫助你平衡這種狀況。它甚至可以幫助你了解並扭轉沒有管理好角色之間的權衡取捨所造成的損害。如果你的團隊已面臨不健康的緊張狀態，「防水布」會消除一些損害。

我們的目標不僅是扭轉已造成的損害，還要在一開始就預防損害發生。為此，你必須一開始就使用「防水布」。

利用「防水布」設定目標

為了使「防水布」流程能有最好的效果，你必須改變（和修訂）績效目標的設定方式。這並不表示你必須在群組設定中進行所有績效管理，但至少應該將目標設定為團隊。你可以用這個簡單的過程切換到團隊目標設定。

首先，與你的領導者討論你的目標，以此做為團隊總體目標的起點。其次，將團隊集合起來公布這些目標。分配幾個小時討論目標，考慮完成這些目標需投入多少工作。會後，讓每個團隊成員各自製作兩張工作清單，第一張清單應該包含為了促成團隊成功，個人必須完成的所有事項，第二張清單應該包含個人必須從隊友獲得什麼協助才能有效進行工作。在召開第二次會議之前分發這些清單，讓團隊成員先行了解。

接下來，辦一次研討會，在會中提出這些問題：

1. 如果我們按照清單上的所有工作事項去做，我們會達成目標嗎？
2. 我們還需要增加什麼目標？
3. 擬議中的目標有哪些工作不是優先而必須刪除？
4. 我們應如何優先處理已核准的目標？

回答這些問題時，你就要為團隊建立一張主要清單，並且讓每個團隊成員同樣修改他們的目標草案。研討會結束後，每一個團隊成員都應提交修訂後可共用、調整和完成的目標。

利用「防水布」做為設定目標的架構只是這個程式的前半段，當事情發生變化，最初擬議的計畫不再有效時，你需要進行更重要的對談。在我合作過的大部分團隊中，業務環境改變、策略或資源分配改變，都和人們的目標無關。績效目標早在年初就已定下來，當事情發生變化時，每個人都會感到無奈，心想：**我的獎金沒了！**

想像一下，當這些變化多端的風雲給一個團隊成員帶來的是逆風，給另一個成員帶來的是順風時，將會造成多麼大的衝突。本章開頭所舉的肋排訂單案例正是這種情況。一百萬根肋排訂單意味著銷售主管達成了他的目標，但營運主管卻不敢抱有希望。為了在一個跨職能團隊維持健康的狀態，一年期的績效目標應該富有彈性。

我可以分享一個故事（為了保護無辜者和有罪者，主角均以化名呈現）說明這種方法。一家電腦硬體公司的執行團隊正在設定他們的年度績效目標，個人電腦（PC）部門主管泰莉設定的目標是：（一）PC晶片收入成長百分之七，同時毛利率維持在百分之十八以上。（二）推出三款新的PC晶片，被使用在百分之三十五的一級製造商的電腦中，並且要為他們贏得安全設計獎。（三）將所有產品的顧客滿意度提高到百分之七十五以上。

為了取得成功，泰莉需要她的團隊隊友的協助。她的業務受整個供應鏈的影響，包括支付晶片製造的價格，以及設計部門可以多快將產品交給製造商。她同時仰賴行銷，因為她要推出她的新產品。她還要仰賴測試與品管人員提供資料給她，以便向公司提出績效證明。她真的需要每個人保有一致的優先事項。

然後，現實情況發生了……

一家競爭對手有了暢銷產品，這意味著中國的製造廠商非常忙碌，可能會要求大幅提高晶片的製造費。供應鏈團隊雖然從他們固有的供應商那裡取得產能，但仍不敷他們的需求。泰莉不願意犧牲品質，她建議從另一家一級供應商那裡採購一段時間，但供應鏈主管反對這項提議，因為轉換供應商會使他們增加更多工作，並使他們無法達到成本目標。

如果這還不夠，推出新晶片在行銷上所費的心力遠超出他們的預期。他們的對手搶先一步推出同類產品，他們只好以超出預期的成本為每位顧客進行小改裝來優化產品。這種情況本來是可以處理的，但泰莉的隊友，行動產品部門主管史杜有了一項熱門的新產品，並希望行銷部門將火力集中在這項產品上。泰莉夾在供應鏈問題與行銷重心轉移之間，感覺她的目標似乎與她漸行漸遠。

泰莉告訴我過去的情況：每個人都專注在他們自己的目標上，無論會對整體業務帶來什麼影響，他們只做為了實現承諾而必須做的事。供應鏈主管只關注成本，所以他會堅持與固有的供應商合作，即使這會威脅到生產。泰莉和行銷主管都簽了三款新晶片的合約，所以他們不熱中於將資源轉向行動產品，即使那樣或許對公司比較有利。通常，每個人都會一直朝他們自己的績效目標前進，但結果卻對整體業務不理想。

於是我說服執行長，鎖定一整年的業績目標沒有太大意義。他不僅同意他們應該調整目標以因應環境的變化，而且任何一位團隊成員的目標改變也會激發團隊重新開啟部分或其他全部目標。

團隊認為公司暫緩推出一項ＰＣ產品，轉而加倍利用這次行動產品的機會，這個決定是合理的。當他們以一個團隊為主做決定時，因為可以據此彈性修改個人的目標，會比先前設定目標的過程容易得多。

同樣的過程也可以幫助你的團隊。不要把目標釘死，透過重新考慮計畫來保持一些靈活度。可以利用例行會議顯示團隊任何部分計畫的風險，也可預測可能發生的問題，在還來得及的時候及時糾正它。當一個團隊成員提出一個問題（譬如供應短缺、行銷成本增加）或提供一個機會（譬如新的行動產品）時，整個團隊應該討論可能的影響，若有必要就修改業務計畫。

一旦為組織做出最好的決定後，就要回去修改個人目標。如果你選擇將資源從一個部門轉移到另一個部門，那麼這兩個部門領導人的個人目標將如何調整以因應更多或更少的資源？如果你在機會出現時為團隊增加工作，這會如何影響他們的優先事項？需要從清單中取消某些工作嗎？如果你消除了為自己部門做最有利的事，與為團隊做最有利的事兩者間的衝突，你不太可能看到自私的行為和破壞性的衝突。

你也許不是ＰＣ部門（或其他任何部門）的主管，但相同的基本理念可以應用在每一層級別上。如果你的團隊成員需要相互依賴才能成功，你必須做出能為大家共同帶來良好績效的決策。如果你的公司無法以這種方式管理績效流程，你不能墨守成規。沒有什麼可以阻止你們討論與調整目標。如果你不能在年中正式修改目標，至少要確保你的老闆和團隊中的其他每一個人都一致決定改變焦點。如果你做了你們一致認為對團隊有益的事，卻在年底受到懲罰，這個組織就不值得你戀棧。

跨功能團隊的建立是為了將不同觀點的人聚集在一起，使他們更有效率、更有成果地解決工作上本來就存在的衝突。但更常見的現象是，你的團隊是為衝突而建立，但團隊成員不是，應該積極管理的衝突反而被趕到地下。角色之間自然存在的緊張關係被誤解為個人衝突，整個情勢演變成不愉快和缺乏效益。

你可以利用「防水布」練習規劃每個角色的獨特價值與他們之間應該存在的張力，使團隊中的衝突正常化。有了增強的意識和共同的語言，你的團隊會開始傾向這些討論，而不是逃避它們，其結果將是做出更好的決策和得到更多的信任……這一切都是因為你們有更多的衝突，而不是減少衝突。

摘要

- 緊張關係是跨職能團隊的自然現象之一，但許多人誤認為它與團隊合作背道而馳。不了解團隊內的不同意見或甚至對立的觀點，及優先事項對團隊的價值，可能形成無益的衝突。
- 「防水布」工具透過闡明對不同角色的期望，以及這些角色彼此之間通常存在張力，可以幫助你使這些有效益的衝突正常化。
- 利用「防水布」來輔導過度貢獻或貢獻不足的團隊成員。
- 解決你的團隊中同時有多個同類角色與單一角色所造成的不平衡。

● 討論團隊成員之間權衡取捨的意涵，以減少輸／贏局面引發的摩擦。

● 利用「防水布」設定目標，積極管理團隊的相互依賴性。

第9章

衝突習慣

我曾經和一個團隊合作，研究如何為有效益的衝突奠定基礎。我們第一次開會時，該團隊因為太深入探討細節而無法進行有效的討論。我知道深入探討細節對他們來說完全是正常的。他們每週開會十一個小時，包括星期一的四小時例行會議，會中他們審查厚厚一疊用六號字體印刷的上週會議報告，深入的程度到了即使整個團隊都在會議室內，大部分對談也只涉及二或三名成員，其他人只是列席而已。他們的典型討論也缺乏任何觀點或見解。

我先引導他們做第七章的「U」練習，讓他們聚焦在策略性問題上，也讓他們討論更重要和更有趣的問題，這樣有助於每個人的參與。

等他們對於應該辯論**什麼**有了更多的了解後，我們便把焦點放在他們應該**如何**辯論。起初，討論通常由兩位習慣以他們自己的方式進行的強勢男性主導，但這種狀況需要被改善。我和他們一起規劃他們的「防水布」流程，向他們解釋健康的張力應該是什麼感覺，而這種想法對某些人來說不是很自然：客戶體驗部門的執行副總不斷強調他「擁有」客戶體驗，暗示其他每個人都應該服從他的意願。我們利用「防水布」幫助他了解，雖然他負責整體客戶體驗，但負責管理產品與行銷（控制價格）的同儕也具有重要的**影響力**。

在付出相當多的時間和努力之後，這個團隊開始有了更具建設性的對談。他們走了很長一段路，現在他們談的是更有價值的話題，並且有更多人加入討論。他們更重視每個成員的獨特價值，並且更善於權衡取捨「防水布」的方法。但新的行為畢竟是新的，健康的衝突不會自然而然產生，至少現在還不會。這個團隊依然很容易又陷入缺乏效益的深度探討。

我知道他們為了建立這種團隊動態耗費多少心力，因此當我獲悉該團隊即將有一個新的領導人後，我感到很擔心。新領導人楊斯在歐洲的事業很成功，這是他第一次到美國，我久聞他的偉大事蹟，包括他非常投入於建立一支健康的團隊。但換了一個領導人，尤其是來自另一種文化的領導人，我擔心新的工作方式可能行不通。在楊斯搬到美國之前，我已經先和他通過電話，籌劃我們團隊的第一次場外會議。他在電話中談了所有正確的事：他的團隊對他有多麼重要、他要如何主持為期兩天的季度會議，並且要用一整天的時間專門討論團隊發展，以及他如何迫不及待地想開始上任。當他說他的目標是以大量的辯論和不同的意見來建立「津津有味」的對談時，這些話在我耳中聽來簡直是天籟。萬歲！我最愛「津津有味」的對談。

新領導人抵達後召開第一次會議當天，我開車到九十分鐘車程外的一所美麗的鄉間客棧，那裡風景如畫，有流水潺潺的小溪、轆轆轉動的水車及古老的石灰岩建築，這些景觀和團隊平時開會的城市建築已有極大的差異。團隊成員陸續抵達，圍坐在一張馬蹄形的會議桌旁。對談開始時，團隊成員都有明顯的焦慮，他們的肢體語言比我慣見的要僵硬得多。他們望著新老闆，然後看看我尋求指示（或求心安）。他們在揣測他們的新老闆，不想冒失誤的風險。如果楊斯希望對談「津津有味」，那麼截至目前他得到的只是「乾硬的吐司」。我曾提醒楊斯，該公司的文化不會像他過去習慣的那樣容易接受衝突。

現在他明白我的意思了。團隊成員十分安靜，他們盡責地回答問題，但不主動提出必要的問題。楊斯不能忍受沉默，接電話的時間超過我的預期。他不明白，透過填補沉默，他就能使他們脫離困境。現在他們的上半身都往後靠，等待他提供答案。我有點失望。顯然我在過去這一年協助團隊建立的衝突技術與流程仍然不足，我們必須使有效益的衝突變成一種習慣。

衝突習慣

我和我的朋友瑪拉．戈查爾克博士（Dr. Marla Gottschalk）談到有效益的衝突。她是一位具有真知灼見和影響力的組織心理學家。瑪拉說，面對工作場所的衝突需要相當的韌性。我同意我們傳統上認為人們面對衝突（無休止的激烈對話）是個巨大的負擔，需要極大的勇氣和毅力。我對每一個合作團隊（包括楊斯的團隊）所設定的目標，是教導他們一種新的思維和參與衝突的方法，這種新方法不需要那麼多的韌性，目標是使有效益的衝突成為一種習慣：一種平時不需要太注意或太費力就會做的習慣。

這是擁抱有效益的衝突的最後一個步驟。改變你的心態，建立你需要的技能，將衝突納入流程，你的最後一步就是建立衝突習慣。

《韋氏辭典》為習慣所下的定義是：「一種後天養成、幾乎非自願或完全非自願的行為模式。」這正是能減輕團隊負擔所需的「有效益的衝突」。它的秘訣是增加衝突頻率，降低衝突強度，直到它成為一種自然且正常的習慣，並且在衝突發生時沒有人會橫眉豎眼。當你養成衝突習慣時，人們不會認為事情是針對個人，對談不再被他們的情緒破壞，他們也不會有自我防衛，他們會解決問題，然後繼續前進。

這是最終目標：使有效益的衝突成為你的日常工作的一部分。

你可以在行為中做點小小的改變，這些改變能幫助你養成健康的衝突習慣。以下是五個入門的方法。

習慣1：闡明期望

我和一家電信公司的執行團隊一起開會。他們的執行長不久前離職，他們正在等待新老闆接任。我和他們一起開會，協助他們管理領導階層的真空狀態所引發的一些緊張情緒。

我們在討論這些主管對新執行長的期望與擔憂時，其中一位主管肯恩說：「我希望他能了解我的業務不同於其他業務。」我問他是否打算告訴新執行長他的期待時，他說：「不。」聽得出那是明顯的「妳開玩笑？」的語氣。肯恩說，對新老闆說他必須做什麼只是一種假設。我明白地告訴他：「我不認為你應該告訴新老闆他必須做什麼，我認為你應該告訴他你想做什麼。這有很大的差別。」只是暗中期待而不溝通，肯恩一定會對他的老闆感到失望。

我們也經常這樣，我稱之為「情人節效應」（Valentine's Day effect），因為很多人在情人節這天都是這樣：我們對於我們所愛的、所欣賞的抱著很高的期待，但我們不會告訴我們的伴侶這些期待；相反的，我們等他們自動自發地送上我們期待的東西。根據我的非正式民意調查，這是收到夢想中的情人節禮物的一個無效策略（後面的附加章節中會有更多討論）。可悲的是，我們在工作上也是如此：我們知道我們想要什麼，但我們等待別人自己去猜測，結果當然只有失望。

沒有溝通卻抱著期望，這絕對會使你和你不知情的同事發生衝突。如果你要避免不必要的衝突，你必須養成表達你的期望，和同時詢問他人有什麼期望的習慣。從現在開始，指派新的任務（如新工作、新計畫、新任務）時，要先和每一個相關人員對談，表達你希望獲得什麼樣的成功。記住第五章的原則，在表達你自己的期望之前，先詢問對方的期望。先問一些廣泛的問題，預留大量空間，容許答案朝著和你最初所想的不同方向前進。譬如，你可以問：「你心目中的勝利是什麼？」或「你心目中的成功是什麼樣子？」或「解決方案中必須包含什麼？」如果你每次都這樣問，那麼無須你開口，你的同事就會開始回答這些問題，明確表達期望就會成為一種習慣。

習慣2：增加一些張力

每當我發表以衝突為題的演說時，觀眾經常會問他們如何才能把有效益的衝突帶進他們習慣避免衝突的團隊。我告訴他們，雖然有效益的衝突是健康的，但它可能不合某些人的胃口，有點像吃麥麩一樣。如果你端上一個乾麥麩製作的大馬芬，你的團隊也許會吃一口後立刻吐出來。相反的，你應該在玉米片上撒一點麥麩。你可以利用以下一個或多個技術，在你的團隊的飲食上增加一些低強度的衝突。

驗證事實：當你們在討論問題或做決策時，你的隊友會提出資料來支持他們的觀點。不要接受這些事實的表面價值，反之，要對事實做一些檢驗。

「你建議我們先向高端客戶推出這個計畫，你的論點是他們比其他客戶更了解數據。你有什麼根據嗎？」這個方法不會直接挑戰你同事的論點，但這等於建議團隊不應自動對事實照單全收。如果你經常這樣做，別人就比較不會感覺你是在質疑他們，他們會覺得那是一種標準作業程序。

探索不同的面向：如果對談只是狹隘地聚焦在問題的一個面向，你可以從另一

目標是使有效益的衝突成為一種習慣：一件不需要太注意或太刻意就會固定做的事。

個角度引進一點有效益的衝突。

「我們在簡化這項計畫上面做得很好，我們還能夠做什麼使它更具吸引力？」如果你一下子就跳到它缺少的元素：「這個構想吸引力不大」，你將發現這會激怒對方。以合理的力道評論一個論點，然後再增加一點強度，就不會讓人覺得你有敵意。固定探索問題的其他面向，會使你的隊友養成加強理念的習慣。即使你不接受他們的原始建議，他們也比較不會懊惱。

代表利益相關者：當你的同事從特定利益相關者的角度關注問題時，你也要轉換，從不同的角度看它。

「我完全同意這個計畫將使我們的客戶成為贏家，但我們的團隊會怎麼想呢？」有一點要注意：如果你總是談同一個族群，你會發現這個方法很快就變得無趣。這裡，莫妮卡又再一次抱怨行銷人員。如果你換一個你支持的利益相關者，這個技術會更有效。列一份重要的利益相關者清單，提出其中一個你的團隊在審議時沒有考慮到的。第八章（以及附錄B）中的「防水布」練習能幫助你規劃重要的利益相關者。

增加偶然性：即使你們一致同意正在成形的計畫，讓團隊成員斟酌其他可能發生的情況也很重要。

「我同意這麼做，因為我也認為我們要先將這個專案推向市場。但假如競爭對手在市場上擊敗我們，推動計畫要如何改變？」即使這個計畫是良好的，你還是能藉著鼓勵你的團隊思考不同情況，這樣就可以揭發假設，減少團體迷思，協助減輕任何固有風險。

定義措辭：決策無法正確執行的原因之一，是每個人對自己所同意的內容各有不同看法。你可以藉由要求他們解釋他們使用的詞語，減少問題發生的可能性。

「我們都同意，我們必須以假設更多後果來增強領導階層的責任感。這些後果指的是什麼？」避免衝突的人會傾向不去定義這些措辭，因為他們怕被認為他們是在質疑權威。如同我們在第七章中所討論，一開始未能闡明期望，會種下日後產生更多不愉快的衝突種子。

想像其中的意涵：探討擬議中的決策可能帶來的影響，協助你的團隊更進一步思考。

「好，我想這個計畫有道理。如果我們在夏季推出，我們期待的高峰產值在什麼地方？它將如何進行？」這是個很好的習慣，因為它迫使團隊更主動思考。即使這項計畫可能有不理想的結果，知道要預期什麼也比較不會因意外而引發指責與推卸責任。

表面張力：當你聆聽人們討論一個想法時，要注意他們語言的細微差異，這些差異可能顯示他們的看法不完全一致。探究一下，看你是否可以讓他們的認知都在同一條線上。

「我想我聽到略有不同的詮釋，我們可以再順過一次那些大家都一致同意的觀點嗎？」如果團隊中有內心掙扎是否該直接表達顧慮，或有不同意見的隊友，那麼把握這些語言上的細微差異，對你會有莫大的幫助，因為它們可能透露出嚴重的失調。

突顯假設：做決策時，你們可能會做出一堆假設，且甚至沒有意識到這一點，這非常危險。協助你的同事找出你們的計畫中所依據的假設會有很大的幫助。

「這整個計畫似乎取決於它如何在密西根進行。那我們對底特律要做何假設？」重點不一定是挑戰假設，而是突顯它，這樣團隊才可以決定它是否正當。

給不同的意見預留空間：有時你想不出要增加什麼特定的東西以提高討論與決策的品質。在這種情況下，要為其他人的顧慮預留空間。

「我們遺漏了什麼嗎？有人能在這個方法上找出漏洞嗎？如果財務部的人批評這項計畫，他們會怎麼說？」你願意為不同的意見預留空間，也許就能鼓勵比較安靜的團隊成員為團隊利益發言。

規律地使用這些相對較不唐突的技術，便能開始建立有效益的衝突習慣。你的目標是提高團隊有效益的衝突頻率，降低衝突強度，假以時日，你會使你的隊友降低敏感度，專注在問題上，不會因個人的意見分歧而分散注意力。這樣，你就會在問題出現時解決它，而不會累積衝突債。當發生更實質的分歧時，保持零損益會讓你處於更有利的地位，因為你要處理的只是眼前的問題，而不是所有未公開的哀怨包袱。

為鼓勵你在每次對談時都運用這些技術，我已將這些分散衝突的方法製成表格，你可以將它存放在你的備忘錄中。你可以從 LianeDavey.com 網站下載它。

習慣3：改善你的回饋

建立衝突的另一方面是養成一種習慣，讓人們知道他們的行為會如何影響你。如果你不對同事行為所造成的影響表示意見，你會開始耿耿於懷。耿耿於懷是指你會開始猜忌，而這又是衝突債的另一種形式。如果你想避免衝突債，善於提出回饋便至關重要。不提出回饋不僅會招致衝突債，也會開始侵蝕你的信用評級。如果你內心耿耿於懷，又不願意告訴他們，你要如何期待你的同事相信你？是時候讓提出回饋成為一種習慣了。

不幸的是，如果你和我（和我遇到的百分之九十五領導者）一樣，你可能很難提出有效的回饋。你可能一直在提出劣質的回饋，而且不得不處理事後的反擊。問題在於，你在你的回饋意見中增加大量的判斷——特別是對對方的想法或感受，或他們為人的判斷。只要你對某個人說他們的想法或感受如何，你就得準備接受敵對的反應。想像有人告訴你：「你對所有一切的看法都太消極了！」這會使你更好奇、更開放胸襟、更想多知道一些嗎？不會，除非你是達賴喇嘛。

好的回饋不是充滿判斷，而是側重於觀察。對一個人，你可以說的唯一合法的事是你所**看到**的，因為你沒有可靠的方法知道他們在想什麼，或他們有什麼感覺。

相反的，你確切知道**你在**想什麼和你有什麼感覺，所以這是公平的遊戲。因此，要提出好的回饋，首先要客觀地陳述對方的行為，然後主觀地告訴他們這些行為如何影響你的想法和感覺。

對他人要客觀，對自己要主觀。但大多數人卻相反。他們以主觀與判斷的方式述說對方的想法或感受，或對方的為人，然後談論它對他們的影響，彷彿那是客觀的事實。我就曾經犯過一次這樣的錯誤。我的團隊成員莎拉看所有的一切都彷彿是半瓶醋，在一次特別不愉快的會議上，我犯了個錯誤，對她說：「妳認為這個計畫很糟糕，我不能再讓妳參與這項專案了。」（我說過，我以前很不擅長這個！）我對莎拉的評論是主觀的（妳認為這個計畫很糟糕），對我的評論卻框定為客觀的（我不能再用妳了）。我告訴你，莎拉非常不高興，我因為**我的**反應而懲罰她——這樣做不好，黎安。

如果你打算告訴別人他們的想法如何，先停下來想一想。這個判斷從何而來？是什麼讓你認為他們這樣想？我必須反思是什麼讓我認為莎拉討厭這個計畫。找出那天令我發脾氣的原因並不難。我分享了老闆交代的最新版本的計畫，而莎拉提出了三個問題，沒有一個是正面的評論。這樣反思之後，我明白我沒有用更好的方式讓她提出回饋：「當我分享這個計畫時，妳是第一個發言的，且提出了三個行不通的理由。但這不是一個我們可以選擇的計畫，當妳開始談這個計畫的缺點時，我很難使大家專注在如何使它成功。妳能不能用更周全的方式提供意見？」等我更認識並更了解莎拉之後，我知道她很用心尋找值得關切和減輕風險的地方，但我當時卻假裝知道她在想什麼，因而破壞了我與這位聰明能幹的女性的關係。我後來花了很長一段時間才又重新得到她的信任。

如果對一個人說出他的**想法**會有風險，那麼對他說出他的**感覺**所冒的風險更大。你不但無法了解他的感受，現在你又涉足他的情緒領域，這更加敏感。若要說明「對一個人說出他的感受」，就不得不舉「你沮喪」或「你心情不好」這兩個例子，或者我個人最喜愛的「你不高興」。首先，對一個人說他不高興，最有可能使他回答：「**我沒有不高興。**」對方通常還會以一張脹紅的臉和僵硬的聲音來表達。如果你反駁：「你**明明就不高興。**」你們已經開始吵架了。相反的，你要讓對方知道你看到了什麼而使你覺得他好像不高興。「你有三句話都沒有說完整。現在讓我們回過頭來，請你告訴我你對這件事有什麼感覺。」雖然你也許認為觀察一個人的肢體語言和語氣就可以被允許說出對方的感受，但事實不然，你只能陳述你所看到的。

還有比對別人說出他們的想法或感受更糟糕的。提供回饋意見時，你可能做出最具侵犯性的舉動是，對他說出他的**為人**如何——將他的行為歸因於他長久以來的一部分性格。最典型的例子是「你很懶」或「你真是個惡霸」或「你是個吹毛求疵的人！」等於你指責了某人不但**做**負面的行為，而且「**是**」個負面的人——尤為可怕。如果這是你第一次看到懶惰的行為，更不應該認定這種行為就是他的個人特質。如果你看到一種行為模式，針對這種模式發言即可——「這是這個月第四次你交給我的作品中缺少我們同意的要件之一。」如果接受的那一方得到的回饋挑戰了他們對自己的看法，會使他們很難得出自己的結論。而你為他們下這些結論會傷害彼此的信任，也很難再修復。

為了避免和你的上司、同事或下屬建立敵意，你要養成提出回饋的習慣。訓練自己注意本身的判斷，並用全面的理解來取代這些判斷，是避免衝突債的一個極有效的手段。

習慣4：利用幽默感與暗語

建立衝突習慣並不一定是嚴肅的。當你在團隊中建立衝突規範時要加入一些幽默感，並且使用團隊內部的笑話和暗語，以較溫和的方式引導團隊成員注意麻煩行為。我合作過的一個團隊在這方面就做得很好。他們有個傾向微觀管理的領導者，他喜愛干預細節的癖好往往帶來負面效應——使他的注意力從需要他關注的策略性問題上轉移，同時使那些被他侵奪職權的人感到沮喪。這位領導者藍斯非常聰明，為人也很風趣，但他的下屬仍然很難在他抓住一個問題不放時要求他不要介入。

我決定帶入一些幽默感使場面輕鬆一點。藍斯非常喜歡好萊塢電影《神鬼戰士》，曾經多次播放電影中的片段給他的主管們看。在那個場景中，由影星羅素・克洛飾演的主角麥希穆斯在一座山脊上策劃一場戰鬥，他準備了弓箭手和騎兵，安排作戰計畫。當戰況漸趨激烈時，麥希穆斯從山脊上策馬下山攻進戰場，然後跳下馬開始廝殺。藍斯喜愛激勵人心的元素（他個人最喜愛的一幕是麥希穆斯懇求他的部隊「堅持下去！」）幸運的是，這個剪輯片段對藍斯的領導方式是一個很好的隱喻……有時他會離開領導者的制高點加入肉搏戰。後來他和他的領導團隊經過一番非常認真的討論之後，藍斯同意他必須留在山脊上。

藍斯把這個建議放在心上，並慎重考慮他應該在什麼時間點參與其中，以及如何參與。幾個月後的某一天，他的老毛病又犯了。該組織正在計畫一項大型的公司活動，藍斯底下三級與四級員工所組成的團隊成員向高級主管簡報他們的計畫，提到活動計畫中的一個小細節時，這位執行長開始干預決策，直接說：「送給來賓的禮物籃內應該有一件短袖或長袖T恤吧？」級別較小的團隊只是瞪大眼睛，一句話也不敢說。值得稱道的是，營運總監靠過去，在藍斯耳邊悄悄說：「您還是回到馬背上吧。」藍斯立刻含笑改口說：「我相信你們比我更了解……就照你們的意思做吧。」

這是一件小事，也是一件大事。執行長成功地請他的團隊協助他維持新的行為。利用一點幽默不僅使藍斯體認到這個問題，實際上也有助於他們對本來會生氣的事一笑置之。從那以後，我聽到各式各樣有趣的內部笑話被用來做為不具威脅性的溝通方式，提醒人們在團隊內部應有的行為。利用一些幽默提醒人們注意問題，但又不會傷害彼此。

習慣5：在會議中鼓勵有效益的衝突

和同事的互動很多都在會議中進行，但許多會議卻缺乏效率。會議往往只是用一小時的時間來展示團隊的權力與政治，不是為了建立一個有效益的衝突論壇來突顯問題與解決問題，討論選項與尋求解決方案的實際工作則是交給非正式會談和令人聞之色變的一次又一次的會議。因此，改變會議管理方式是將有效益的衝突變成健康習慣的重要關鍵。

陳述會議的目的：我常為在會議中投入這麼多時間，卻沒有人真正知道為什麼開會而感到驚訝。我們已經成為了行事曆的奴隸，心不在焉地在預定的時間出現在美其名為會議室的房間內，瞎扯一通等時間過去，直到我們的手機響了，呼喚我們到另一個房間接電話。如果你想得到成果，必須打破這個迷霧，在議程中公告此次會議的目的，並在會議開始時重申，同時說明這次會議**不討論**什麼。「這是我們的每週營運會議，我們的重點是討論黃燈或紅燈狀態問題，任何綠燈狀態問題會在我們的月會上討論。」如果你想讓他們吃有效益的衝突蔬菜，你必須從桌上撤下甜點。

指明每一個項目的目的：每一個議程所需進行的討論方針必須明確。如果一個議程僅供參考用，就要先講清楚並做適度的討論，不要進行辯論，也不要超過時間限制——因為這會浪費進行有效益的衝突所需的時間。如果需要做決定，也要把決策的標準講清楚，並表明是否由大家表決，或者尋求推薦，然後由一個人來決定。

過濾與聚焦：要求與會者過濾他們的回饋意見，並聚焦在能增加價值的重點上，不要把時間浪費在強烈要求彼此同意。「我要的是不同的意見和新的思維方式，如果你們同意那些已經提過的事，就請不要再重複提起。」記住，避免衝突的團隊會利用任何機會進行愉快的對談，不會尋求挑釁的對談。你必須打斷無休止的贊同和稱許有效的論點。

重申你的基本規則：如果你的團隊已經花時間制定基本規則（我建議你這樣做），那麼在會議開始時就要提醒大家遵守最重要的規則。「提醒各位，我們都承諾從正向積極的假設開始，並進行有效益的衝突。」

阻止被動型攻擊：會議開始時要說明，這些問題必須在會議中解決，而不是在會後解決。這不是一種預防失敗的方法，但如果你在會議開始時就闡明需要針對困難或有爭議的問題進行討論，並要求大家坦率分享他們的觀點，這樣會提高把問題端上會議桌的可能性，而不會只是事後在走廊上議論紛紛。

預留一成時間做總結：我發現，當一個團隊會議進行順利，卻在結束時未能達成一致共識時，那真是一件令人扼腕的事。你要對開會這件事嚴陣以待，設定鬧鈴，留下最後一成時間。如果開會時間較長，你需要更多時間做適當的評述。規定臺上的人結束發言時，其他等待發表意見的人就留到下次會議再提出。「我知道有幾個人仍在等著上臺發言，我們可以透過電子郵件繼續討論，還是要另外安排時間討論這些問題？」這個方法乍看之下似乎苛刻，但如果不這樣做，會使投入這項會議的百分之九十努力白白浪費，因為這些努力沒有得到成果。不能明確達成一致共識，也會在以後造成不愉快的衝突。

檢查項目並重申結果：對於每一個討論事項都要闡明對談目的、所有做出的決策，以及下一步、事項所有人，和完成工作所需的時間表。要做好準備，明確地陳述這些事情可能會出現的誤差，以及需要的釐清事項，有時甚至需要另外召開會議討論。

同意溝通什麼：有個很常見的情況：參加會議的人會酌情決定他們要不要溝通什麼。但若由每一個團隊成員來決定溝通什麼可能會造成誤差，使衝突更深入組織。與其那樣，不如先擬定大家應該溝通的高水平主題，並決定應該跟誰分享。同樣重要的是，還要決定什麼問題暫時不溝通，並同意將這些問題保留，直到進一步通知。

自我評估：在每一次會議結束時花一分鐘時間評估你們的表現。「我們的表現如何？有妥善利用時間嗎？我們是否關注正確的事情？我們得到我們需要的結果嗎？我們有沒有遵循我們的基本規則？」你不需要調查七十二個項目，但是從與會者那裡獲得快速的評量，並思考下次如何改進，這是一個可以養成的好習慣。

說謝謝：如果你想鼓勵一個衝突習慣，在會議結束時花一點時間強化任何正向的改變。例如：「謝謝各位今天對這些棘手的問題坦率發言，我很感激你們的坦誠。」或者「今天的會議情況有點激烈，很感激各位踴躍參加並表達你們的觀點。」

養成習慣需要時間和精力，尤其是旨在破壞一種模式的情況下。每天做一點小事來闡明期待、測試一致性、挑戰不同的觀點，並在問題失控以前發現它。每天增加一點有效益的衝突，從長遠看，最終你將減少不愉快和缺乏效益的衝突。如果你正在開始建立一個衝突習慣，從小事做起吧。即便你已看到光明，這並不表示你的同事（那些可能很擔心衝突的人）會感激你的啟蒙。

摘要

- 使衝突富有成效最好的方法是讓小而頻繁的分歧成為日常習慣的一部分。開始撒一點小衝突，協助你的隊友培養對衝突的胃口。
- 每當你面對一個新任務、新計畫或新角色時，先投入一點時間明確表達你的期望。
- 即使是最例行的對話也要增加一些張力，使異議變得更正常。
- 更有技巧地提出回饋，協助你的同事了解他們的行為所造成的無心衝擊。

- 利用適當的幽默和暗語使艱難的討論變得更輕鬆，並避免觸動防衛。
- 對會議如何支持有效益的衝突設定明確的期望，並利用會議開始與結束的時刻強調這些期望。

結語

凡是組織，都會有源源不絕的衝突，從痛苦的策略權衡，到人與人之間為瑣碎的事爭吵，你必須解決這些問題以保持運作順利。一味逃避衝突，聽任問題叢生，將會累積衝突債，使組織運作窒礙難行，這不但會破壞你的團隊，還會為你帶來壓力。反之，你要打「美好」的仗，力謀建立有效的溝通管道，和你的同事建立穩固的關係。以創新的方式找出解決方案，即使那不是人人都滿意的方案，至少也是在你能力範圍內的最佳選擇。你應該致力改善團隊，以有效益的衝突來支持有效的決策、穩固的關係，並建立正向積極的工作環境。現在你知道，打「美好」的仗會給你一個值得擁有的團隊。

在家試驗

二〇〇四年的春天，我坐在一位心理醫師的辦公室內，我是病人，不是治療師。我的丈夫克雷格和我面對面坐著，我們的心理醫師所坐的位置和我們兩人成直角。他的辦公室內有許多書，看來似乎是個飽學之士，但又不浮誇。這些書籍零星散放在各個角落，給人的感覺是真的用來參考的，不是裝飾品。房間內的家具是拼湊的，不成套，但每一件都很實用、舒適，而且看得出邊邊角角已經有點磨損。整個辦公室隱隱暗示這是一個沒有料到你會頻頻出現的地方，所以我們沒有好好**整理**。因此，面紙盒擺放的位置雖然明顯，但不在房間中央。此時，房間內最醒目的配件是那個大鐘，它提醒著我，在我回到我的孤獨天地之前，我只有五十分鐘時間在我的婚姻問題上取得一些進展。

我們夫妻倆之所以會在結婚八年後一起坐在心理醫師的辦公室內，具體細節事實上無關緊要。基本問題是我們都不知道如何吵架。我說過，我來自一個不曾吵架的家庭，我從未在家中看過任何衝突，以為美好的婚姻（我的父母結褵六十載）不會有衝突。克雷格也有他的緣起，他來自一個吵架可以很大聲且針對個人的家庭。我們倆都沒見過健康的衝突像什麼。我們很怕傷害彼此，只好把問題都封鎖起來，以致我們的婚姻陷入衝突債中。

我至今仍記得當時要去每週一次的心理諮商之前那種憂慮與期待的複雜心情。克雷格會來地鐵站接我，然後我們默默地驅車到心理醫師的辦公室。我們會停車，然後走進星巴克，通常是買一杯飲料，以便在令人不安的諮商過程中可以握在手上。每次開始都是緩慢而平靜地說話，彷彿以平靜的語氣說出難以啟齒的事會使它們減輕一點殘酷。等五十分鐘結束，我們有了真正的進展時，治療師會遺憾地告訴我們時間到了。但是在我們踏出辦公室的那一刻，我們又會恢復沉默不語，用七天的時間收集問題與怨懟做為下週諮商的題材。我們的互動都是一些家庭的基本運作（當時我們有一個女兒），我們的對話也很基本，如：「你晚餐想吃什麼？」以及「琪拉的背包在哪裡？」對於任何比這更實質性的問題，我們都保持沉默。

我們的沉默堪稱傳奇。我們可以輕易地幾天不說話。我們每次都以同樣的小姿態結束這些僵局。當我們其中一人（我們輪流扮演這個角色）氣消了，準備和解時，我們會問對方：「你想喝杯茶嗎？」以前就讀研究所時，有一天晚上我開車送克雷格回家，他邀請我進去喝茶，這是克雷格第一次展現對我有興趣，所以提議喝一杯茶能將我們帶回到那段更快樂、更單純的時光。喝一杯茶意味著休兵，這勝過什麼都沒有，但休兵不表示解決任何問題，如果要恢復健康的婚姻，我們必須打破這個憤怒、沉默、休兵的循環，開始解決一些問題。

幾個月過去，我們學會了我們成長過程中從未學到的東西。我們學會吵架和好好地吵。回想起來，我們就像兩個沒學過爬行的孩子。那位心理醫師教給我們的東西非常基本，但對我們來說卻是全新的。在一次諮商結束後，回家的路上我們在車上交談。我們發現，在幾次諮商之間，我們偶爾也可以自己找出問題。後來，我們決定將諮商留著用來解決最痛苦的問題。我永遠忘不了那天S醫生坐在他的椅子上，好整以暇地看著我們解決其中一個最棘手的問題。他說：「你們兩個一起合作的效果真是驚人，你們都在孤獨中受苦。」時隔多年之後，這句話依然真實。

今天，我們仍然傾向在孤獨中受苦。我們兩個本來就厭惡衝突，但現在我們會努力保持平衡，並決心不再像以前那樣製造衝突債。如同組織會源源不絕發生衝突一樣，家庭生活也是如此，而教養兩個女兒為我們提供了許多練習的機會！

那天是二〇一七年的母親節，克雷格一大早就出門參加在我們家附近舉行的一年一度十公里路跑。這是我們先前就同意的，我樂於穿著睡衣輕鬆地等他回來。我承認，我原本希望我們的兩個女兒也許會從床上跳下來對我展示她們的愛，但克雷格出門三個半小時之後回家，發現我坐在電腦前，女兒仍在熟睡。他想叫醒她們，但兩個孩子似乎都不在乎這一天是母親節。我原本指望度過一個完美的母親節，現在希望落空了。我的情緒越來越低落。

顯而易見地，我不但得不到在床上吃早餐的特殊待遇，也沒有人會招待我去鎮上的餐廳享受一頓早午餐。我將一枚貝果塞進烤麵包機，趁它烤熱的當兒好好地自艾自憐一番。不久，我便意識到我正在做許多人都會做的事——為我的家人不能滿足我不曾享受過的期待而生氣。我曾在第九章中稱它為「情人節效應」，但此刻我正在證明它同樣適用於母親節。我對我自己生氣，決定出去散步讓自己平靜下來。

散步對我有幫助。散步，並且好好哭一場。當然，當我在路上遇到朋友，不得不解釋為什麼我的兩眼紅腫時，場面的確有點尷尬。但所有母親都了解這種事。等我散完步回家時，我已經覺得好多了。但我的家人不一樣，我並沒有告訴他們我去散步是為了糾正**我的**錯誤，不是為其他任何人，結果家人個個都手足無措。孩子們很難過，因為沒有人告訴她們應該怎麼做，也因為我生了她們的氣；還有，她們的父親因為我很激動也跟著激動。克雷格為了孩子們沒有採取任何行動，以及為我的小題大作而感到沮喪。這真是一場災難。後來我們勉強在外面待了一天，但那時候已神經緊張，比較像是做做樣子，不是真正享受一家人共處的美好時光。

今年，克雷格早早就鼓勵我事先告訴孩子們我想要什麼樣的母親節。我告訴她們我不要禮物，我也沒有任何特別想要的東西，但我希望感受到被愛和被感激。到了母親節那天，我果真得到那種感覺，兩個女兒各以她們自己的方式對我展示她們對我的愛，而這些都是由克雷格協調安排的。當你開誠布公溝通時，你會驚奇地發現結果好太多了！

與合作夥伴的有益衝突

同樣的原則適用於你和你的親密伴侶，以及你和你的公司同事之間的健康衝突。生活會帶來一系列的挑戰，我們勢必要做出艱難的決定與面對衝突。我們是因為喜歡它的舒適與輕鬆所以每週都去光顧同一家餐館，還是我們會嘗試新的東西來增加趣味？我們應該存錢早一點繳清房屋的頭期款，還是我們應該在生孩子之前去旅遊，享受我們的美好時光？我準備退休，她想繼續工作……我們應該怎麼辦？這些懸而未決的問題都會成為怨恨和敵對的沃土。衝突債會嚴重削弱浪漫關係，也會削弱工作上的關係。

闡明期望

母親節的故事說明了家庭中的衝突密碼第一守則——在可能的情況下，預先設定期望以避免衝突。第一步是注意什麼對你很重要。這聽起來有點可笑，但我們往往沒有意識到什麼使我們感到快樂、悲傷或沮喪。如果連**你**都不知道，又如何期待你的伴侶知道？我發現寫日記真的能幫助我們回憶什麼情況和什麼原因會觸動我們的情緒。一旦解決深層的問題，我就可以和克雷格分享。這並不表示所有結果都盡如我的意，但是當它不如意時，我們都會知道我的負面反應來自什麼地方，這樣就不太可能產生衝突。

擁抱張力

並非關係中的所有衝突都應該被消除。如同張力有助於企業提高效率一樣，它對你的關係也有幫助。我想到幾個健康的張力例子。譬如一對夫妻，一個高度自動自發，一個擅長策畫，這種張力可能使自動自發的史黛芬妮記得去繳暖氣費，讓一絲不苟的法蘭克偶爾喘口氣。一個愛花錢的人和一個節儉的人之間有一點張力也是一件好事。其他如樂觀的和悲觀的、勇於接受風險的和避免風險的、愛探險的和戀家的，這種張力對他們而言是有利的平衡。關鍵是要討論兩人的差異，了解兩種不同觀點的價值，並且力謀保持平衡。有時，這意味著重視你伴侶的需求，鼓勵對方在你沒有參與的情況下滿足自我的需求。

好好地吵

闡明期望，並接受關係中存在的張力，你就能消除大部分衝突，並使其他許多衝突正常化。但，有時這樣仍不足以解決問題。有些問題太令人苦惱、太棘手，以致你發現自己真的在吵架。這時候的關鍵就是確保它是「好好地吵」。以正向積極的態度展開對話，它成為「好好地吵」的可能性就會大增。這表示你要把焦點集中在你們的關係的價值、問題的重要性，以及你相信只要你們堅持在一起，問題就能解決。你可以試著這樣說：「我認為討論今年去哪裡度假這件事真的很重要。我知道我沒有把心裡的話完全表達出來，我決定今年要為我們倆找出一個解決的辦法。」

事實證明，你們如何起衝突對你們的婚姻健康至關重要。在一項由塞比爾·卡瑞若（Sybil Carrère）與約翰·高特曼（John Gottman）所做的研究中，研究人員只要聽一對夫妻討論婚姻衝突，就能預知這對夫妻離婚的可能性有多大。令人震驚的是，只要三分鐘就能看出這些夫妻中誰會廝守、誰會離異（這項研究追蹤這些受試者長達六年），關鍵是他們如何起衝突。維持婚姻的夫妻比那些最終離婚的夫妻，更可能以正向積極的態度起衝突。雖然隨著爭論持續下去，所有的夫妻都會越來越消極，但維持婚姻的夫妻仍然會有一些正向的情緒。來自高德曼實驗室的其他研究結果顯示，健康的婚姻衝突會聚焦在特定的抱怨（「你今年想再去你父母家過節。」），而不會針對人格予以批評（「你很自私，從來沒有想過我想要什麼？」）

一旦陷入衝突，要非常仔細地聆聽對方所說的話，並反思你聽到的內容。花點心思確認伴侶的觀點，能使你們的爭執保持在燃點以下。等你的伴侶說完之後，驗證你所聽到的內容，然後說出你的感覺。譬如：「你對於去我父母家興致不大，因為路途遙遠。你想在節日休息，我明白。但要我錯過我們家的傳統，這是一件為難的事，我們要怎樣做才能兩全其美？」你會發現這是第六章中的「兩個事實」技術。你的伴侶想放鬆，你想參加家族聚會，以這兩個事實為出發點，你們有很多可能的解決方案：每年輪流，在節日家族團聚之後再去度假放鬆；在一年當中比較不忙碌的時候探訪你的家人；或者將你的家族傳統和你們自己的慶祝合在一起舉行。弄清楚你的伴侶的需求，你就可以將衝突轉化為解決問題的模式而不會發生爭吵。

最後，在長期的親密關係中很容易墜入陷阱：以為你知道你的伴侶在想什麼或有什麼感覺，甚至很容易開始貼標籤。對於伴侶或同事，這都一樣令人反感與不愉快。和一個人結婚並不表示你有權告訴對方他的為人如何。此外，如果你一次又一次對你的伴侶說他很乏味、愛吹牛，或不善理財，你可能會給自己創造一個自我實現的預言，他果真應驗了你的負面期待。畢竟，如果已被指責為「不專心」，他索性繼續看球賽！相反的，你要強調你所欣賞的行為，「我喜歡你在星期日晚上和我一起吃晚餐。」專注在正向的行為上，提醒你的伴侶你愛他什麼——如果他需要提醒的話。

重新架構衝突

不要以你們是否有衝突來衡量你們的關係健康與否。反之，要注意衝突的品質。你們是否坦率溝通，使你們更容易滿足彼此的需求？你們是否在艱難的對談中用正面的訊息來表達彼此之間的重要性？你是否花同樣多的時間嘗試了解你的伴侶重視什麼，並告訴他你重視什麼？你有堅持表達你想要多一點的行為和少一點的行為，而不是粗率地批評你的伴侶的特質嗎？如果是，你的衝突就是在增強你們的關係，而不是傷害它。

教養能適應衝突的孩子

我最引以為傲的角色之一是擔任加拿大心理學基金會董事的志願工作。這個令人驚嘆的組織制訂許多方案，幫助孩子們管理壓力，保持心理健康。你可以從PsychologyFoundation.org 網站上了解更多資訊。基金會由來自各方的贈與及捐款支持，但我們最大的資源之一是一年一度的募款早餐會，那一天會有滿滿一屋子渴望支持我們，以及聆聽專家學者演講當代心理健康主題並從中學習的來賓。去年早餐會的前一天，我們精心挑選的傑出的專題演講者打電話給主辦人凱西．貝克曼，告訴她自己因病無法旅行。凱西急著為四百位付費的賓客尋找一位演講者，於是找上我，問我可不可以上臺演講。「當然可以！」我回答。我渴望提供援助。我先讓她放心，知道她會有一位專題演講者，然後才問道：「要談什麼？」我們花了一點時間決定我需要談什麼：教導孩子們學會衝突技巧的重要性。衝突技巧對於處理生活中無可避免的壓力至關重要。

結果，我對現場的父母、教育家和心理學家談了許多我們沒有教導我們的孩子為日後生活中的衝突預做準備的影響。在董事會擔任志工長達二十年的我，非常清楚孩子們在缺乏衝突技術的情況下成長的傷害效應。當我看著我孩子朋友的父母時，我很擔心情況會越來越嚴重。這些被保護的下一代進入職場後將面臨嚴重的問題。至少在三個方面，我們必須在如何教養子女這件事上做大幅度的改變，否則我們的孩子和我們的組織會面臨嚴重的崩潰。

回饋

你有責任教導你的孩子尋求回饋和從回饋中學習。回饋是自我意識的重要來源，也是最有價值的發展形式之一。不幸的是，許多孩子被過度保護的家長擋住負面的回饋。我們許多人如此執迷於建立孩子們的自尊心，以致我們在前方擋住我們認為會摧毀他們脆弱自我的回饋槍彈。

問題就在這裡：我們才是使它脆弱的人！建立在精心擘劃的彩虹與獨角獸之上的自尊不是真正的自尊。真正的自尊是在實際探索你可以達成什麼和不能達成什麼當中建立的。真正的自尊靠冒險、勇氣、跌破膝蓋和瘀傷的自我而增強。這種只靠正面的回饋建立的自尊是虛假的自尊。但是為孩子們找到真正具有建設性的回饋並不容易。我自己有親身經驗。我的兩個女兒都是好勝的舞者，世上沒有其他任何回饋比舞蹈界的回饋更扭曲。我記得我的長女琪拉在一次表演中獲得金牌獎，我高興得心花怒放！直到我看到節目表，發現金牌是第四名的水平，位居黃金、翡翠和鑽石之下。**什麼?!**而且，更別提第四名還為她的舞蹈教室捧回一座五呎高的獎盃！

如果你要給你的孩子真正的回饋，非你自己給不可，托兒所幫不上忙。以前我每個星期五晚上都會收到一個裝滿藝術作品的購物袋（我統稱之為「藝術品」）。我還記得其中有一個作品特別可笑：一小片紅色的美術紙，上面畫一條紫色的線。我的女兒琪拉當時很小，還不會簽她自己的名字，那是托兒所老師幫她畫的。我應該把這些傑作展示出來嗎？每星期有二十張作品，我得需要一間像羅浮宮那麼大的房子才行。他們教導我的孩子成為寶貝，卻把清理工作留給了我。

後來我們找到一個很好的解決辦法。我母親給兩個外孫女買了一個藝術品展示架，它可以固定在牆上，上面有九個插槽，可以把信紙大小的作品裝在裡面展示。當一袋新的藝術品帶回家時，我會說：袋子裡如果有任何需要保留的，就要把架子上的作品取下換上去。有一次，我在演講中分享這個技巧，一名婦女說她都在天黑後將那一袋藝術品偷偷扔掉，並期待她的孩子第二天早上不會發現。我藉這個機會指出，這個做法可能是一個小小的被動型攻擊，孩子們必須學會不是每一張作品都值得留給後代子孫。唉……說服人們給他們的孩子真正的回饋比我想像中困難得多。

思考一下，在孩子的青春期為了保護他們而不提出回饋的結果。你打算遠行陪他們去上大學或去工作嗎？如果不，那麼你用你的生命去保護的那個脆弱而虛假的自尊，將會在你不在他身邊的那一刻瓦解。它永遠不會真正成為你的孩子的一部分；它只是一個你投射到他們身上的錯覺：「你是你可以成為的最好中的最好的你!!」

我並不是說你應該打擊你的孩子的精神，我說的是：你必須真實地與他們相處。當他們要求你的回饋時（孩子自然會尋求回饋），給他們一些意見。我的女兒瑪格讀她的演講稿給我聽並問我喜不喜歡時，我和她的一半對話是這樣的：「我很高興妳跟我分享，是什麼激發妳寫這個題目？我喜歡妳的開場白『它真的很吸引我，因為我可以在我的心裡想像它』，是什麼給了妳這個想法？妳從第一個段落轉到第二個段落時我有點困惑，妳如何能讓它轉得更順暢一點？」

她告訴我，她沒有被這個互動打擊（事實上，她當時說「好」）。當然，她會更喜歡我在那一刻說：「喔，我的天，這是我聽過的**最棒的**演講！」但這樣做能讓她在班上演講之前有機會將它修改得更好。你要在你的孩子們很小的時候就讓他們知道你熱愛他們，而且你是那個投入最多、幫助他們學習與成長的人。你要教導他們尋求回饋、掙扎搏鬥，最終從建設性的回饋中學習。

練習衝突

在我們的會議室內常見的另一個嚴重的錯誤，是我們不知道如何進行有效益的衝突。我們有大吼大叫的人、翻白眼的人、冷言冷語的人、咬耳朵的人，就是缺少冷靜、理性地提出不同的意見，然後解決它們的人。

同樣的，我們可以在我們的孩子身上，以及我們的教養方式上面看到這個種子。在這方面，我就曾經犯過一個錯誤。我的小女兒還很小的時候，有一天她告訴我她在遊樂場上和幾個孩子發生一些不愉快的互動。我當時的忠告傾向「妳就走開」。這個忠告在某些情況下或許是極好的建議，但我意識到我在教導她避免衝突，而不是教導她如何處理衝突。

下一次她再向我報告類似的情況時，我糾正了我的錯誤。「我和莎拉吵架，因為她在玩躲貓貓時作弊。」她說。

「妳看到後對她怎麼說？」我問。

「我告訴她我們講好要限制範圍，她不能去那裡。」

「她怎麼說？」

「她摀著耳朵不聽。」

「妳有發現莎拉應該怎麼做會更好嗎？」

她想了一下，「她在談論事情之前必須先想一下。我有時會問老師是否能幫助我們解決問題。」瑪格對這類事情一直很有想法。

我鼓勵她以後要先防患於未然。「下次妳要怎樣訂遊戲規則來改善事情？」我可以看出她真的很認真在思考。她因而受到激勵，努力要讓事情變得更好，以致她來找我談另一個和莎拉完全不同的朋友，問我能不能幫她想出解決她們之間衝突的方法。

我試著教導她：衝突是正常的，她是其中的一個角色，對於如何使衝突變得更好，她必須保持開放的態度與好奇心。目標是她不能像大多數人一樣厭惡衝突。一眼看到衝突就大叫「霸凌！」會對所有人造成極大的傷害。孩子們必須學會區分正常健康的衝突與有害的霸凌，自己解決常見的遊樂場糾紛。

如果你認為我誇大了父母對衝突的敏感度，我給你舉一個真正瘋狂的例子。我有個朋友回她的家鄉過耶誕節，她見到她的堂姐，堂姐正在為她的兩個十八個月大和九個月大的孩子面試保母（是的，這個數字很驚人）。她要找一個願意遵循她的防範衝突方法的人（顯然是「要做愛，不要作戰」那一型的人）。原來他們家有一個封閉區，他們讓兩個孩子輪流進去，一次只能一個。兩個孩子被禁止在一起玩，因為他們可能會吵架。如果礙於情況他們不得不在一起，一定會有一個成人坐在兩個孩子中間。請告訴我，這兩個孩子什麼時候才能學會健康的衝突？他們又該如何學習？這個故事最恐怖的地方是那個母親本身還是個老師！有多少孩子從她那裡學會畏懼衝突？

學習不舒服

如果我在團隊中見過的人有什麼普遍的問題，那就是他們都不想要不舒服。當他們即將接近不舒服時，他們會立刻以閃電般的速度撤退。同樣的，我可以看到這種狀況源自於童年。

我們都在教導我們的孩子避免不舒服。幾年前，我的大女兒就讀四年級時來了一個年輕的女老師，她對她班上那群高高瘦瘦的孩子採取強硬的態度，如果他們不交作業，就會面臨禁止下課休息的後果。學生家長非但沒有讓孩子為不寫作業負起責任，反而強力要求老師架構網站，每天更新家庭作業，好讓家長可以為他們的孩子追蹤作業進度。這樣還不夠，六個星期之後，一群家長逼著她含淚離開學校，說她：「不適合在這裡任教。」不，我們不希望我們的小寶貝不舒服！

結果那一學年剩下的時間裡，學校教師的流動頻繁，有許多的家長對這個扭曲的現象憤怒不已（當然，他們不認為這是他們自己造成的問題）。我覺得這與現實世界相當接近，便花了一點時間和我的女兒琪拉討論如何給一位新老師第一印象，而她在那一學年不得不使用六次這個技巧，我相信這個技巧將會在她未來的生命中派上用場。

更嚴重的是，焦慮在我們的兒童當中蔚為流行——在兒童心理學家眼中，它正逐漸取代過動症（ＡＤＨＤ）成為最普遍的兒童問題。雖然焦慮如何擴散，以及擴散的原因，是科學界與醫學界的問題，但家長以保護子女、避免承受他們認為有壓力的經驗來因應焦慮問題，顯然只會使事情變得更糟。

我們身為家長的職責是教導我們的孩子如何成長茁壯。我們有機會為他們一生中可能面臨的挑戰、不舒服、甚至引發焦慮的經驗定調。如果我們為了試圖保護我們的孩子而犯下讓他們避免受到這些不舒服的錯誤，我們就是以極為真實與深刻的方式辜負他們。

身為家長，我們教導我們的孩子如何管理金錢。他們拿了零用錢，學會在他們的能力範圍內使用。不幸的是，我們沒有保護他們，使他們避免衝突債。我們給他們我們的金卡，導致他們不知道一旦沒有金卡時該怎麼辦。千萬不要犯這種錯誤，要教導你的子女與他人合作、協調，並且要有衝突。在生活中，他們沒有一個地方不需要這些技巧。我們的每一個畢業班如果沒有學會基本的溝通與解決衝突的技巧，未來將處於極大的劣勢。

志工團隊

既然我已經告訴你擔任慈善基金會董事時所感受到的喜悅，現在讓我再來分享我對志工組織的一個令人不敢恭維的觀察：它們可能是被動型攻擊的汙水坑。許多人告訴我，他們的慈善組織比他們的支薪工作場域有更多的衝突。志工工作不但不能使他們從工作場所的壓力中解脫，反而比一般的工作日壓力更大。這太可惜了，絕對要改正。

高度容忍

我有許多朋友和客戶在他們的志工組織中忍受大量的功能失調行為。你呢？如果你也是的話，你容忍的背後是什麼原因？最常見的理由是你去當志工的原因**如此**重要，以致它掩蓋了小小的內鬥和不良的團隊狀態的缺點。你心想，**癌症是多麼可怕的疾病，罹患癌症的人得承受多麼大的痛苦。為了做如此重要的工作，一點點團隊功能失調是個值得付出的微小代價。**

你也許說服自己去容忍志工團隊內的不良行為，因為人們無償付出他們的時間，你期待他們表現一定的行為是不合理的。你心想，凱倫那麼熱心，每個月的星期六都放棄休假去老人院當志工，就算她違反一些規則，我算老幾，我能抱怨嗎？徵求志工時不是有句老話「要飯的不能挑精揀瘦」嗎？

志工團隊另一個大問題是缺乏有效的領導。也許你的組織缺少一個制訂高標準的領導者。許多志工團隊領導人不知道如何動員一群志願人員展開工作，每一個志工來了就開始做事。不幸的是，他們的努力往往缺乏協調，不是忽略了重要事項，就是在其他地方做了重複的工作而冒犯到其他人。缺乏領導會阻礙志工組織完成工作的能力。

無論重要的原因是人們太熱心或缺乏領導，你都有自己的理由去忍受劣質的志工團隊（如前所述）。但這裡有幾個你不應該忍受的原因。首先，你正在做一件非常重要的事。這很重要，因為你必須先有動力才會持續做有意義的事（穿插幾個重要的原因：另一個孩子餓著肚子上學、更多人死於瘧疾、你親眼目睹學校的遊樂設施倒塌等等）。你承擔不起團隊失敗。你無法等那些八卦圈和幕後推手對需要完成的事項達成協議。但是，原因越重要，你在會議上提出問題、解決問題就越重要。

你也承擔不起不良的團隊動態，因為你無償付出你的時間。這是你的「停機」

時間，你大可以把這些時間用來與家人相處、運動，或打開 Netflix 瘋狂追劇。你承擔不起你的自由時間反而為你的生活增加壓力。你需要用你的志工時間來充電補充你，而不是耗損你。你需要健康和有效益的衝突。

最後，你也許沒有一個強有力的領導者導正你的志工團隊，你也許必須奉獻自己使團隊更有績效。懂嗎？你沒有在你的志工團隊投入更好的經驗的所有藉口，正是為什麼你必須投入的原因！好消息是，你可以利用本書中所有的衝突技巧和技術來改善你的志工團隊。

協調一致

開始提出問題，召集每一個人，就你們要做的事（以及超出你們的授權範圍的事）進行討論。你們可以問彼此：「我們要完成的最重要的事是什麼？」、「我們如何對這個非常重要的大問題增加什麼獨特的內容？」、「我們必須對哪一類的請求說『不』，以便專注在我們的使命上？」更具體地來說，你們是一個募款組織、倡導團體，或是照護服務組織，迎合所有人的需求是不可能的。

志工組織很容易發生「範疇潛變」，任何值得被視為問題的一部分事情都會被添加在工作清單上。突然間，組織的努力完全被沖淡了。你要協助建立與工作目標相關的對談。如果他們的目標離組織的核心太遠，可以將他們引導到其他的組織。你可以試著這樣說：「這個組織的成立是為了積極解決兒童心理健康問題，雖然患有精神病的兒童有些重要的問題，但成人的心理健康問題也很重要。我相信如果我們堅持關注兒童的預防問題，我們就能發揮最大的影響。」

做或不做

即使你們達成協調一致，範疇潛變仍然在繼續，你必須就你們的團隊將承擔什麼工作和不做什麼工作，展開坦誠的對談。永遠要讓你們的行動和使命連結在一起。對於優先事項要不留情面，這意味著你必須非常明確地詢問團隊**不**做什麼。例如：「我們的第一優先是為無法自力謀生的老人提供三餐。我們的第二優先是花幾分鐘時間陪伴他們並與他們交談，照顧他們。我們越來越常被要求在其他的個人照護問題上提供固定協助。我們想幫助這些人，但我擔心我們的好意可能會占用大量時間，因而減少我們可以供餐的人數，甚至增加我們的責任。我建議我們將這些多餘的請求交給合作的機構去做。」以我的經驗，我可以告訴你這會引發衝突，但如果你以正確的方式提出，有效益的衝突或許對你們的組織和你們的社區最有利。

回饋

正因為是志工組織，沒有理由放棄回饋。你的隊友沒有領任何酬勞，但這不表示他們做事的效果適得其反。當有人在開會時占用太多時間，當他們關注的焦點有誤差，或者他們對待你的方式讓你感到不舒服時，你都要提出你的回饋意見。

你要冷靜、溫和、直接。「今天的委員會議中，你們花了二十分鐘討論烘焙銷售，這意味著我們沒有時間討論我的深水炸彈計畫。現在我必須和每一位委員進行離線溝通，這樣很沒有效率。你們如何才能更快速進行你們的事項，讓出空間討論其他主題？」

在志工組織中製造有效益的衝突是困難的。你為理想而付出的奉獻通常會凌駕你對白費力氣的憂慮。你感激人們付出時間，即使他們能力不足或結果適得其反。在缺乏強大與有效的領導下，你盡力而為。但這正是為什麼你個人必須承擔，開始致力於建立一個更有活力和更有效的志工團隊的原因。協調你們的目標，集中你們的努力，對於做什麼和不做什麼要保持透明。你值得這麼做！

其他地方

你的工作場所、你的戀愛關係、你對孩子的教養，以及你的志工工作。如果你能在這四個領域掌握有效益的衝突，你已覆蓋最重要的地基。也就是說，在其他情況下，你可能還會與衝突債搏鬥。家庭充斥著衝突債，童年時代的兄弟姊妹之爭或許至今仍讓你感到痛苦。也許老爸仍舊比較喜歡他，或者你的母親生你的氣，因為你沒有常去探望她。可悲的是，有些家庭的衝突債會一代傳一代（財務債務至少會隨著持有人身故而作廢）。當你得到的比你在遺囑中應得的那一份更少，或家裡的房子留給別人時，你和你母親的衝突債會轉嫁到你的兄弟姊妹身上，這可能使你的孩子與他們的叔伯、阿姨，以及表兄弟、表姐妹的關係惡化。主動解決家庭衝突非常重要。

不僅組織需要衝突，生活也需要衝突！在舞蹈教室、足球場、你和你的承包商、你的禮拜場所……衝突無處不在，但無論你在什麼地方都適用同樣的法則，事先闡明期望就可以消除衝突。當有人做了什麼事或說了什麼話導致你難過時，冷靜、溫和地告訴他們，他們的行為影響了你。嘗試解決問題之前，盡量傾聽並反思他們的觀點。你越是自在地面對衝突，它就越不會損耗你。當你這樣做時，你會當場結清你的衝突餘額，永遠不需要把自己從堆積如山的衝突債中挖掘出來。

致謝

我很感激有這麼多人塑造了我的想法，並在這個過程中塑造了我。

感謝我的客戶，他們可能會在本書中認出幾個故事，我很榮幸跟你們一起工作，並從中得到許多樂趣。因為有你，我才有這個世上最有趣的工作。

感謝一群不可思議的人，你們協助我將客戶的故事變成一本令人信服與前後連貫的書，謝謝你們。

首先，謝謝Page Two Books出版公司的厲害團隊，你們使這個過程充滿意義。傑西・芬克斯坦，我真高興宇宙（以及馬丁・珀爾默特的臉書網頁）將我們拉在一起。阿曼達・路易斯，你是編輯中的瑰寶，謝謝你使我的作品變得更好。彼得・考金，感謝你把這些概念引入設計。安妮瑪麗・坦佩爾曼-克魯特，謝謝你幫助我和全世界分享這些想法。謝謝加布里埃爾・納斯特德使一切順利進行。

伊麗莎白・馬歇爾，認識你是天賜的禮物。你的靈巧、見識、智慧和鼓勵，使這本書完全符合我想要的一切。每一個作家都應該有這種好運氣跟你合作。

謝謝 Heroic Public Speaking 的艾咪與邁克爾・波特賢伉儷，這些理念先在那裡學習爬行後才會走路。謝謝你們建立一個如此精采的論壇，讓一些充滿熱情的人交流、學習與成長。感謝教職員工，包括了不起的邁克・加尼諾和阿傑・哈珀，謝謝你們聆聽這個瘋狂的女性一直不停地說：「這個世界需要更多衝突！」感謝我的良師安東尼幫助我意識到做為一個「狼尾頭」(前面正式，後面輕鬆隨興)也是可以的。感謝我的善後人員賈許、約翰、艾哈邁德、艾略特、簡、柯瑞、喬伊、梅莉莎、蘇珊・M、安，以及 Heroic Public Speaking 的其他所有傑出人士。

凱特・戴維，謝謝你在研究方面的協助並使它動起來。謝謝 Cynthia Skilling 繪製「U」與「防水布」圖表。

我也非常感謝那些給我勇氣和信心，讓我相信我可以改變世界的社群。

感謝 Speak & Spill 社群和我們的精神領袖史考特・斯特拉騰，感激不盡。當我決定自己出來打天下時，我以為我不會再有同類型的社群了。很高興事實證明我的想法是錯誤的。雖然 Speak & Spill 的每一個互動都提供完美的學習與支持，我仍然要特別對蒙特西托幫的組員大聲呼叫（「請來九客羽衣甘藍凱撒沙拉和九塊脆皮炸雞，謝謝！」），尤其是幫主米契・喬爾。同時要謝謝賈德森・萊皮 和勞拉・加斯納召集的 SHIFT 幫。

感謝我的演講機構 Speakers' Spotlight。馬汀和法拉，你們是這一行中的翹楚。感謝布萊斯、凱莉、德懷特，以及整個團隊。我期待更多激勵人心的機會。

感謝拉爾夫．謝列茨基持續不斷的合作關係和友誼。同時感謝志同道合的塔米、潔西卡，以及「短髮幫」（莎拉．斯溫文頓與曼迪．麥克唐納）。

感謝我的母親始終是我最大的支持者（和最好的校對）。感謝琪拉和瑪格，你們教我學會許多課題，我都寫在這本書中了。你們對人的洞察力激勵了我，讓我驚嘆。是的，我虧欠你們。沒問題，我們可以去一趟紐約。

最後，一句簡單的謝謝不足以表達我對我的丈夫兼事業夥伴克雷格．伊斯登的感激。你是我能要求的最好的團隊隊友。感謝你的研究、你的觀點、你的輔導、你的支持，以及最重要的，你的陪伴。我等不及我們未來所有的探險了。

附錄A：如何填寫「U」範本

請前往LianeDavey.com網站，從「Books-Good Fight」標籤下載與列印你的「U」範本。你會看到三層級別（3-level）與四層級別（4-level）兩種版本，選擇適合你的部門級別的版本。如果你是第一線管理者（有個人貢獻者向你報告），請使用三層級別版本。如果你比個人貢獻者高兩級或更多（有管理者向你報告），請使用四層級別版本。

你會看到這個「U」形圖劃分成幾個和你的部門結構相同的級別。「U」的中央橫線用來標示團隊級別，下一層橫線填寫你的團隊，最上層的橫線填寫你的上級團隊（你的老闆領導的團隊）。如果你使用四層級別版本，請在下面第三層橫線上標示你的下屬領導的團隊。最底層是「工作層級」，團隊成員都是個人貢獻者。

將「U」的級別標示好之後，你就可以開始了。

你會發現「U」有三個區塊分別對應不同的工作階段。左側是你在「規劃與授權」階段描述每個級別增加價值的地方。最底下是描述在「草擬與編輯」階段增加價值的地方。右側是你描述在「審核與治理」階段增加價值的地方。

BOX 1：你的團隊在規劃與授權中增加的價值

開始填寫「BOX 1」（左側由上至下第二個框框）。你要在這裡填寫你的團隊在「規劃與授權」中應該增加的價值。這個「U」是為了協助你的部門更有效運作而設計的，所以你要列出**應該**增加的價值，不一定要列出目前**正在**增加的價值。圖A-1是一個區域領導團隊完成「U」的範例。

請和你的團隊（例如你和你的下屬）一起回答下列問題：

1. 我們的團隊在工作流程開始時要增加的獨特價值是什麼？
2. 其他人在開始工作之前會希望我們做什麼決定？
3. 我們如何提供需要的背景以確保第一次就順利完成工作？
4. 我們如何使每一個人都成功？

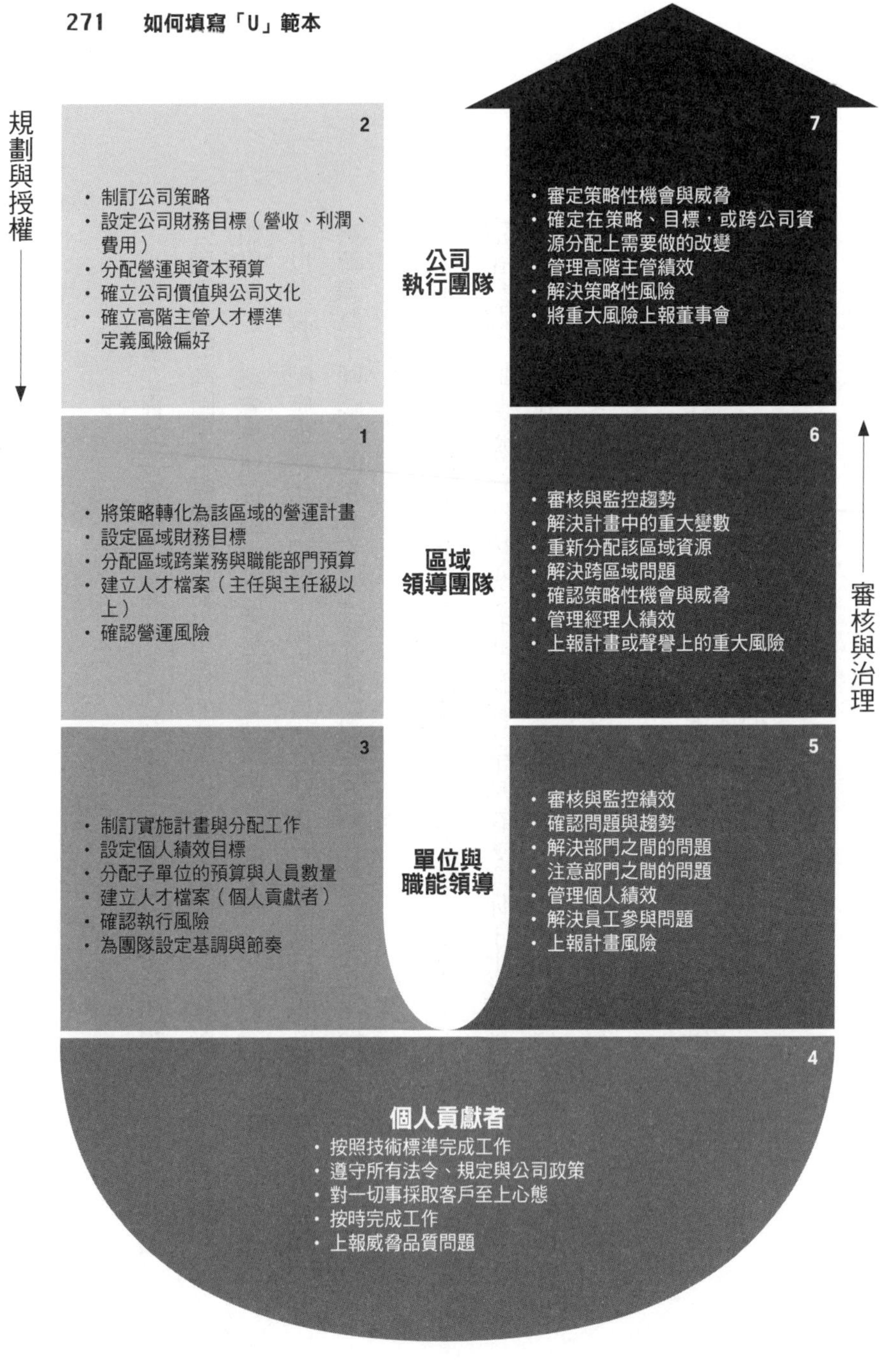

規劃與授權
2
・制訂公司策略
・設定公司財務目標（營收、利潤、費用）
・分配營運與資本預算
・確立公司價值與公司文化
・確立高階主管人才標準
・定義風險偏好
公司執行團隊
7
・審定策略性機會與威脅
・確定在策略、目標，或跨公司資源分配上需要做的改變
・管理高階主管績效
・解決策略性風險
・將重大風險上報董事會
1
・將策略轉化為該區域的營運計畫
・設定區域財務目標
・分配區域跨業務與職能部門預算
・建立人才檔案（主任與主任級以上）
・確認營運風險
區域領導團隊
6
・審核與監控趨勢
・解決計畫中的重大變數
・重新分配該區域資源
・解決跨區域問題
・確認策略性機會與威脅
・管理經理人績效
・上報計畫或聲譽上的重大風險
審核與治理
3
・制訂實施計畫與分配工作
・設定個人績效目標
・分配子單位的預算與人員數量
・建立人才檔案（個人貢獻者）
・確認執行風險
・為團隊設定基調與節奏
單位與職能領導
5
・審核與監控績效
・確認問題與趨勢
・解決部門之間的問題
・注意部門之間的問題
・管理個人績效
・解決員工參與問題
・上報計畫風險
4
個人貢獻者
・按照技術標準完成工作
・遵守所有法令、規定與公司政策
・對一切事採取客戶至上心態
・按時完成工作
・上報威脅品質問題

圖 A-1

你將會在你的答案中發現許多不同的議題。思考一下策略與規劃，在制訂整個公司策略的高階主管團隊，及負責工作的個人貢獻者之間，你的團隊扮演什麼角色？如果你是一家零售連鎖超商的區經理，你的團隊也許會採用整體的產品策略，然後予以微調以因應你的店面地點。如果你是稅務主管，你的團隊也許會將整體財務策略轉譯為不同國家的稅收方式。當你們討論 BOX 1 時，你將會了解你的部門內需要你做的策略性決定。

除了策略和規劃之外，BOX 1 應該還包括幾個領域。思考一下資源分配，你的級別在資源方面必須做什麼決定？有些預算決策早在送達你手上之前就確立了，那你會做什麼決定？思考一下目標、指標，和關鍵績效指標（KPI），然後將你設定的目標記錄下來，包括你所做的影響人才與文化的決定。將你的答案寫在你的「U」的BOX 1 中。

BOX 1 填好後，你對於你和你的團隊如何在「規劃與授權」階段增加價值大概會有十個想法。你的描述越明確，就越能幫助你闡明期望。

BOX 2：你需要從上級得到什麼

其次，填寫 BOX 2，這裡描述你的上級在「規劃與授權」階段的獨特價值。同樣的，重點是你**應該**從上級得到什麼價值，即使你還沒有得到你需要的東西。BOX 2 要包含超出你的權限範圍的決策，這些決策為你的團隊設定背景。

回答下列問題：

1. 我們需要從上級得到什麼決策才能設定我們的計畫？
2. 我們需要什麼樣的背景才能做出好的決策？
3. 我們需要什麼資源分配的相關決策，這樣我們才會知道我們要做什麼工作？
4. 我們的上級用什麼因素來定義成功？

同樣的，在填寫 BOX 2 時請思考不同的議題。級別比你高的人需要做什麼策略性決定？上級設定什麼目標，然後委派你去做？把你需要你的領導做的所有決策都記錄下來，以便你完成工作，包括超出你的權限範圍的任何事，如分配預算、員工人數、獎勵策略、風險偏好，以及你能想到的其他任何工作。

注意動詞與名詞

不要擔心，這不是文法測驗，但是要注意每個方框中使用的動詞和名詞。你會看到這些議題貫穿所有方框，但特定的動詞和名詞在組織的不同級別中會有變化。以策略性議題為例，執行階層可能會設定公司的願景與策略。到了下一個級別，領導者會界定事業單位或職能策略。再下一個級別，名詞也許從策略變成部門計畫，到了個人貢獻級別則是透過建立目標來訂策略。你可以從完整的「U」範例中看出單一議題如何在它的左側層層而下，使整個公司內部上下一致。例如「策略」一詞出現在「U」的最高層，隨著議題逐漸深入組織而轉化成「營運風險」與「績效目標」。

同樣的，你可能會有一個普通名詞貫穿「U」，但動詞會改變。高階層也許用「預設」，到了下面的級別可能就變成「建立」、「協調」和「監控」。審慎選擇字詞有助於你準確傳達你的期望。

BOX 3：授權（僅適用四層級別模式）

BOX 3描述你期待你的下屬團隊交付的獨特價值，推動你的團隊盡可能包含在這個方框內。太多領導團隊掌控應該授權給下級去做的決定。同樣的，焦點不要集中在**正在**發生的事情，這個方框內要填上**應該**發生的事情！

回答下列問題：

1. 我們應該讓我們的團隊做什麼決定？
2. 我們會願意委派什麼資源分配的決定？
3. 我們希望這些決定為工作人員提供什麼背景？
4. 個人貢獻者需要做什麼才能成功？

完成BOX 1至BOX 3後，你會闡明對「規劃與授權」階段中的每個級別的期望。你可能會發現，有幾個地方你的描述接近理想與抱負，而不是真實的。別擔心，這就是做練習的價值所在！你每一次確認一種行為沒有發生，或者正在發生但卻發生在錯誤的級別上，你就有機會使你的部門更成功。繼續加油！

BOX 4：怎樣才是高品質的工作

一旦完成「U」左側的三個方框後，你該換檔了，不要描述需要在「規劃與授權」階段增加的價值，現在你要描述怎樣才是高品質的工作。你可以採用你的組織或團隊重視的任何標準，目的是闡明通常沒有被說出來的期望。這樣，個人貢獻者就會事先知道組織或團隊對他們的期望。

回答下列問題：

1. 我們期望所有工作達到的基本品質標準是什麼？
2. 我們希望工作中包含什麼內容，哪些甚至可在第一線審核之前就完成？
3. 在審核品質期間，我們發現一開始就應該做好哪些事情？
4. 個人貢獻者應該向他們的經理呈報什麼類型的問題或情況？

第四個問題很重要，雖然 BOX 4 中的大部分要點和你期望員工增加的價值有關，但闡明你不希望他們自行處理什麼類型的問題也同樣重要。界定哪些問題應該呈報上級，是你的風險管理方法中很重要的一部分。例如，在客服中心，你可以概述一通好的客服電話應該包含什麼內容（例如歡迎、謝謝光臨、查閱客戶這一期帳單），同時也要概述你不希望業務代表處理什麼類型的問題（例如客戶揚言要把生意轉到其他地方）。盡可能多描述怎樣才算是高品質的工作。

BOX 5：第一線審核

在右側的方框中，你將定義「審核與治理」階段每個級別**應該**增加的價值，以及你希望該級別自主管理什麼類型的問題。你還要以指定每個級別應該呈報上級的時間與地方來界定每個級別**不該**增加的價值。

右下倒數第二個 BOX 5 是你希望第一線管理者審核工作品質時增加的價值，包括你希望在第一線審核時解決的所有問題與顧慮。

回答下列問題：

1. 第一線管理者應該在草稿中注意什麼？
2. 即使草稿做得很好，管理者應該增加什麼價值？
3. 我們希望他們在無需我們介入的情況下解決什麼類型的問題？
4. 我們希望第一線管理者上報什麼類型的問題？

產生摩擦的一個原因，是個人貢獻者有時希望從上級獲得批准與一顆金星。在許多情況下，即使工作做得很好，有更多背景或豐富經驗的人仍然可以增加價值。如果要獲得在「U」中描述到的這些附加價值，你可以從一開始就設定相關期望，並避免在得到意外的回饋時引發摩擦。這一點稍後將會再介紹。

BOX 6：你在審核中提供的價值

右上第二個方框是工作在「審核與治理」階段你應該提供的價值。和右側的所有方框一樣，它也指定超出你的權限範圍且需要上報高層的地方。

回答下列問題：

1. 除了管理者增加的價值之外，我們還要增加什麼價值？
2. 我們可以根據我們在組織中更廣泛的曝光率增加什麼見解？
3. 我們應該在我們這個級別解決什麼類型的顧慮？
4. 我們需要向上級呈報什麼類型的問題？

BOX 7：決策

右側最上面的方框是你在你的級別中經過權衡取捨之後增加的價值。它應該包含超出你的權限範圍的決定和你無法解決的問題。闡明你無法掌控的決定，有助於你將時間與精力集中在你能掌握的決定上。

回答下列問題：

1. 我們的上級可以提供什麼我們無法增加的價值？

2. 我們需要向上級呈報什麼類型的顧慮或問題？
3. 什麼決定不在我們的掌控範圍之內？

好了！你已完成「U」了。現在來開採它蘊含的所有寶藏吧（請參閱第七章的具體案例）。

附錄B：如何填寫「防水布」範本

「防水布」工具可以讓你標示你的跨職能團隊的所有相關利益者，並界定他們每一個帶來的獨特價值。這樣一來，當每一個人都做出最佳貢獻時，你就可以界定正常、健康、建設性的張力看起來應該是什麼樣子，以及是什麼感覺。

請前往 LianeDavey.com 網站，從「Books-Good Fight」標籤下載擁有正確數量繩索的「防水布」範本。想知道你需要多少繩索，請計算團隊成員總數，然後減掉一條代表團隊領導者的繩索。如果團隊中的每一個人都有獨特的角色（職務），那麼這就是你的團隊的正確繩索數量。例如，如果團隊有八名成員，你需要一張有七條繩索的防水布。

你的團隊可能有兩個或多個成員擔任極為相似的職務，例如可能有兩人或多人在領導同一個領域，或者是業務合作夥伴。如果團隊中有兩個人的職務非常接近，你可以將他們計算為一個職務（和一條繩索）。

一旦有了正確的繩索數量的「防水布」後，你就可以準備開始了。圖B-1是一個

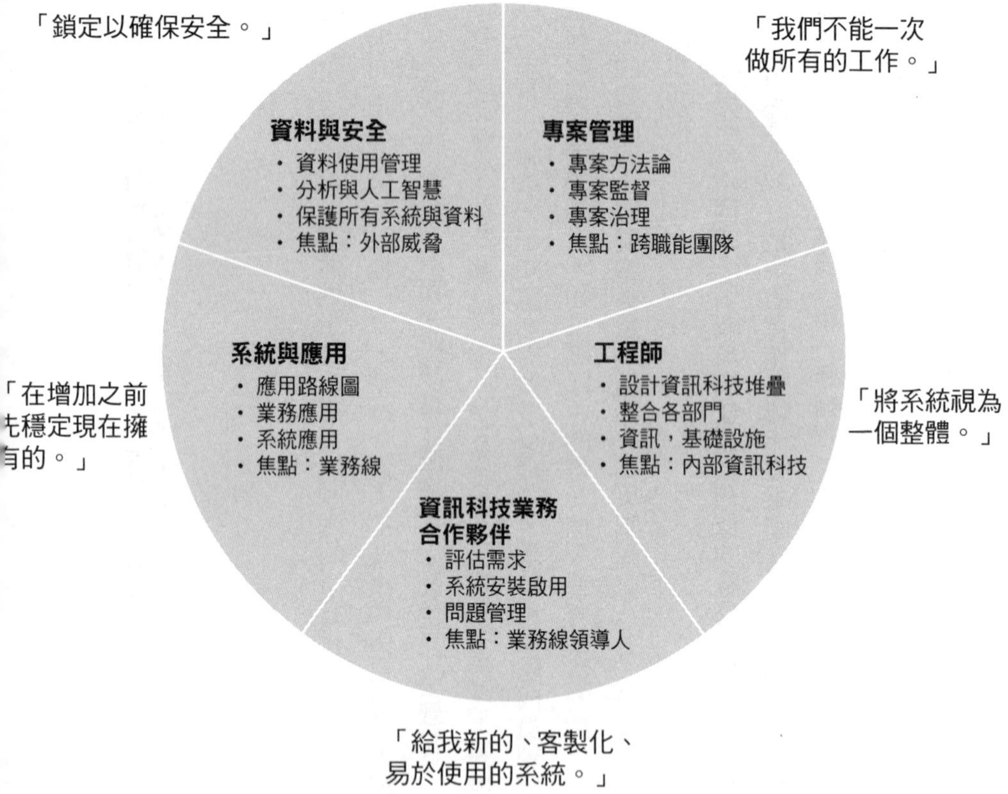

「鎖定以確保安全。」
「我們不能一次
做所有的工作。」
資料與安全
・資料使用管理
・分析與人工智慧
・保護所有系統與資料
・焦點：外部威脅
專案管理
・專案方法論
・專案監督
・專案治理
・焦點：跨職能團隊
系統與應用
・應用路線圖
・業務應用
・系統應用
・焦點：業務線
「在增加之前
先穩定現在擁
有的。」
工程師
・設計資訊科技堆疊
・整合各部門
・資訊，基礎設施
・焦點：內部資訊科技
「將系統視為
一個整體。」
資訊科技業務
合作夥伴
・評估需求
・系統安裝啟用
・問題管理
・焦點：業務線領導人
「給我新的、客製化、
易於使用的系統。」

圖 B-1

完整的「防水布」範例，提供你參考。

注意：你不必領導跨職能團隊也可以從「防水布」中得到利益。如果你的團隊和其他團隊之間處於某種緊張關係，你可以讓你的團隊只代表其中一條繩索，其他幾個區塊則是和你們互動的團隊，用這種方式來填寫「防水布」。例如，如果你管理一個業務部團隊，你就在一個區塊填寫你的團隊名稱，其他幾個區塊分別填寫人力資源、財務、法規和行銷部門。思考一下你的團隊的適當位置，以同理心接納其他團隊不同的觀點與動機，將有助於你和你的合作夥伴有更多有效益的衝突。

首先，在「防水布」的每個區塊內寫上團隊的職務名稱（或者，如果你要填寫你的團隊以外的其他團隊，就在每個楔形區塊寫上它們的名稱），然後選一隻幸運的鴨子開始工作，接著回答下列問題。

1. 這個角色帶給團隊什麼獨特的價值？
2. 他們代表團隊「覆蓋」了什麼？

將你的答案寫在與該角色對應的「防水布」區塊內。

我們以圖B-1的資訊科技（ＩＴ）為例。資訊科技主管領導一個由兩個ＩＴ業務合作夥伴和四個核心功能：工程師、系統與應用、資料與安全，以及專案管理辦公室所組成的團隊。這個團隊從ＩＴ業務合作夥伴角色開始進行「防水布」練習。他們認為ＩＴ業務合作夥伴在那裡可以確保基礎設施與系統得以滿足業務部門的需求。他們的專長不是系統設計，但他們負責執行業務線的系統。兩位ＩＴ業務合作夥伴還充當員工與中央ＩＴ功能之間的溝通渠道，傳遞什麼有效、什麼無效，以及哪裡需要新系統或工具的回饋意見。我們會在「防水布」的ＩＴ業務合作夥伴區塊內填寫「安裝啟用、問題管理、評估需求」。

接下來，確定這個角色是否特別適合任何特定的利益相關群體。將每一個角色最重要的利益相關者記錄在他們的「防水布」區塊中。有些利益相關者也許是內部的（員工、董事會、管理者），其餘是外部的（供應商、客戶、經銷商）。許多無效益的衝突之所以會發生，是因為團隊成員只從他們的利益相關者的角度去看決策，沒有看到另一個有利的觀點會給事情帶來什麼差異。對你的各種不同的利益相關者採取明確的態度，有助於人們重視不同的觀點，並鼓勵團隊成員為每個人優化團隊的決策。

對於ＩＴ業務合作夥伴，重要的利益相關者是他們支持的業務部領導人，因為他是業務單位管理團隊的成員之一，他要關注的是業務方面的問題，要思考資訊科技如何提供策略性優勢，以及如何影響該單位的營運。我們會在「防水布」的資訊科技合作夥伴區塊內填寫：「焦點：業務線領導人。」

最後，考慮如何標示這個角色的繩索。繩索是描述這個角色為團隊形成張力的一個很好的方式，有時我會把它形容為彷彿這個人是個身上附著一條繩子的玩具，而當你拉一下繩子，它們只會說出固定的一、兩句話。像是電影《玩具總動員》中的胡迪只會說「飛向宇宙」或「我的靴子裡有蛇！」那樣。但當你拉動繩索時，我知道你的團隊中沒有像胡迪那麼可預測的人。不過我敢保證你一定想的到那個人經常說的那些話，例如：他的口頭禪。

以ＩＴ業務合作夥伴為例，他們通常會在ＩＴ領導人召開的會議上主張採用更新、更好的系統，並針對他們業務的確切需求增強客製化。雖然資訊架構師希望所有業務單位都使用通用的基礎設施，但ＩＴ業務合作夥伴仍會倡議滿足他們的單位需求的獨特系統。以這個ＩＴ業務合作夥伴為例，你可以在對應的繩索上標示「更客製化」或「更多工具」。

當你填寫完一個角色時，選一個通常和第一個角色形成張力的角色，放在他正對面的「防水布」上。現在進行同樣的步驟，填寫第二個角色的獨特價值，並標示他的繩索。

如果回到ＩＴ業務合作夥伴的例子，當我們轉移到一個中央部門的角色時，那個張力就很明顯了。雖然ＩＴ業務合作夥伴聚焦在優化系統對業務線的價值，經常提倡更新系統，但中央的ＩＴ領導者卻更重視成本、穩定性與安全，而且最好可以少一點管理，難怪ＩＴ領導團隊會有衝突。

圍繞著「防水布」逐步填寫，包括獨特的價值、重要的利益關係者，並在繩索上標示形成的張力，直到你覆蓋團隊中的每一個角色。

反思你學到的東西

1. 對於每一個角色如何工作以優化團隊的產出，你得到什麼深刻的見解？
2. 對於每一個角色（或團隊）的獨特貢獻，你有何認識？
3. 對於為什麼你總是感覺和某個特定的人或角色起衝突，你終於恍然大悟了嗎？
4. 你的「防水布」偏向某個特定方向嗎？什麼原因引起的？你如何為組織的利益而矯正這種不平衡？

5. 你有未充分覆蓋的角落嗎？你在進行討論時，有沒有忽略任何問題或利益關係者？

6. 身為團隊領導者，你必須做什麼來改善這個情況？你如何確保你已平衡不同的張力，為組織找到最好的答案？

國家圖書館出版品預行編目資料

良性衝突 / 黎安．戴維作；林靜華譯. -- 初版. -- 臺北市：平安文化, 2021.04；面；公分. -（平安叢書；第680種)(溝通句典；49)
譯自：The Good Fight
ISBN 978-986-5596-04-0（平裝）

1. 衝突管理 2. 人際衝突 3. 個案研究

541.62 110003317

平安叢書第680種
溝通句典 49

良性衝突

The Good Fight

作　　者—黎安．戴維
譯　　者—林靜華
發 行 人—平　雲
出版發行—平安文化有限公司
台北市敦化北路120巷50號
電話◎02-27168888
郵撥帳號◎18420815號
皇冠出版社（香港）有限公司
香港銅鑼灣道180號百樂商業中心
19字樓1903室
電話◎2529-1778　傳真◎2527-0904
總 編 輯—龔橞甄
責任編輯—謝恩臨
內頁設計—李偉涵
著作完成日期—2019年
初版一刷日期—2021年04月

法律顧問—王惠光律師

讀者服務傳真專線◎02-27150507
電腦編號◎342049
ISBN◎978-986-5596-04-0
Printed in Taiwan
本書定價◎新台幣380元／港幣127元